國際經濟合作

尚元 主編　駱小慧 副主編

崧燁文化

前　言

21世紀的今天，國際經濟合作不再是陌生的字眼，除了國際貿易和國際金融活動以外，還存在著諸多形式的其他活動。全球化發展到今天，中國作為一個發展中的大國，在國際經濟合作活動中發揮了重要作用。近10年來，中國企業對外直接投資保持連續增長，到2016年，中國境內投資者共對全球164個國家和地區的7,961家境外企業進行了非金融類直接投資，累計實現了11,299.2億元，其中併購的地位和作用日益凸顯，全年共計實施對外投資併購項目742起，達到1,072億美元的成交額。

在看到巨大成就的同時，我們也應該看到中國在國際經濟合作中的困難：有關「中國威脅論」在西方國家宣傳開來，致使部分西方國家對中國政府以及企業帶有偏見，甚至某些政府以「國家安全」為由出面阻止中國企業的海外發展事業；中國的對外貿易雖然進出口總值量大，但是產品附加值較低，而且經常遭受反傾銷調查等壁壘；在知識產權、技術專利等科學技術能力方面受到高技術國家的限制和歧視。

因此，為了抓住國際經貿合作帶來的機遇，迎接挑戰，國際經濟與貿易專業所需研究的內容也需要涵蓋更為廣泛而複雜的內容，不再局限於商品和勞務交換，而是向生產要素和人員的流動、知識產權的轉讓以及各種形式的經貿合作等內容延伸。

而對國際經貿合作專業人才的培養，則需要高校全面提高教育教學的質量，教材建設則是其中一項最重要的也是最基礎的環節。為了培養理論知識豐富、邏輯思維縝密、動手能力熟練、創新思維活躍的專業人才，國際經貿合作教材的編寫也需要本著「實事求是、學用結合、訓練思維」的原則。

故本教材在編寫過程中，既注意國際經濟合作理論的條理性，力求為大家展現理論發展的邏輯順序，又結合了最新資料，來向讀者解釋跨國企業、國際經濟組織、政府間合作行為的合理性，以及全球國際經貿合作的成果。

改革開放以來，中國對外經貿合作的發展取得了舉世矚目的成就，在中國經濟發展中占據重要的戰略地位。為了更好地培養21世紀的國際經貿人才，滿足成人高等教育對國際經濟合作教材的需要，我們編寫了此書，讓讀者能夠對國際經濟合作有一個全面、系統的理解和認識。本教材適合高校國際貿易和國際商務專業的學習。

本教材涉及國際經濟合作導論、國際直接投資與跨國公司、國際間接投資、國際技術貿易與服務貿易、國際工程承包與勞務合作、國際租賃合作、國際稅收等內容。

本教材在編寫中體現了以下特點：

第一，系統性與邏輯性相結合。本書系統地介紹了國際經濟合作的基本知識，理論框架清晰明了，堅持理論與實踐的相互結合。

第二,新穎性與前瞻性相結合。本書在內容分析方面,引用資料注重時效性和內容新穎性,盡可能展現國際合作的最新成果。

第三,語言簡明通俗,配合生動實例,內容難度適中,對於初次接觸國際經濟合作的讀者較為適宜。

在本書的編寫過程中,吸收了許多同行的寶貴意見,並參考了大量文獻資料,在此向他們一併致謝。

由於編者水平有限,書中難免存在不足和欠妥之處,懇請各位專家和廣大讀者批評指正。

編者

目 錄

1 國際經濟合作導論 .... (1)
1.1 國際經濟合作的概念與內涵 .... (1)
1.1.1 國際經濟合作的概念 .... (1)
1.1.2 國際經濟合作的內涵 .... (1)
1.2 國際經濟合作的影響因素 .... (2)
1.2.1 政治因素 .... (2)
1.2.2 經濟因素 .... (2)
1.2.3 法律體系 .... (3)
1.2.4 文化因素 .... (3)
1.2.5 社會倫理因素 .... (4)
1.3 國際經濟合作的產生、發展及意義 .... (6)
1.3.1 國際經濟合作的產生 .... (6)
1.3.2 國際經濟合作的發展 .... (8)
1.3.3 國際經濟合作的意義 .... (8)
1.4 國際經濟合作的類型與方式 .... (9)
1.4.1 國際經濟合作的類型 .... (9)
1.4.2 國際經濟合作的方式 .... (10)
1.5 國際經濟合作理論 .... (11)
1.5.1 國際分工理論 .... (11)
1.5.2 國際相互依賴理論 .... (19)
1.5.3 區域經濟一體化理論 .... (20)
1.6 中國與國際經濟合作 .... (22)
1.6.1 中國參與國際經濟合作的發展歷史 .... (22)
1.6.2 中國參與國際經濟合作取得的成就 .... (22)
1.6.3 中國開展國際經濟合作的發展方向 .... (23)

習題 ··· (24)

2　國際直接投資 ·· (27)
　2.1　國際直接投資概述 ··· (27)
　　2.1.1　國際直接投資的概念 ·· (27)
　　2.1.2　國際直接投資的類型 ·· (27)
　　2.1.3　國際直接投資的特點與趨勢 ··· (29)
　2.2　國際直接投資理論 ··· (32)
　　2.2.1　壟斷優勢理論 ·· (32)
　　2.2.2　產品生命週期理論 ·· (32)
　　2.2.3　內部化理論 ·· (33)
　　2.2.4　邊際擴張理論 ·· (34)
　　2.2.5　國際生產折衷理論 ·· (35)
　2.3　跨國公司概述 ··· (36)
　　2.3.1　跨國公司的界定 ·· (36)
　　2.3.2　跨國公司的主要類型 ·· (37)
　2.4　企業對外直接投資的戰略決策 ··· (38)
　　2.4.1　對外直接投資的選址決策 ·· (38)
　　2.4.2　國際協定對FDI區位決定的影響 ·· (40)
　　2.4.3　對外直接投資的時機決策 ·· (41)
　　2.4.4　對外直接投資進入模式決策 ·· (42)
　　習題 ··· (46)

3　國際間接投資 ·· (50)
　3.1　國際間接投資概述 ··· (50)
　　3.1.1　國際間接投資的概念 ·· (50)
　　3.1.2　國際間接投資與國際直接投資的區別 ·· (50)
　　3.1.3　影響國際間接投資的因素 ·· (51)

3.2 國際股票投資 …………………………………………………… (52)
3.2.1 股票的概念、種類和收益 ……………………………… (52)
3.2.2 國際股票的分類 ……………………………………… (53)
3.2.3 股票價格與股票價格指數 ……………………………… (54)
3.3 國際債券投資 …………………………………………………… (57)
3.3.1 國際債券的定義、特點和分類 ………………………… (57)
3.3.2 國際債券投資的收益 …………………………………… (59)
3.3.3 國際債券的發行程序和發行條件 ……………………… (60)
3.4 國際投資基金 …………………………………………………… (61)
3.4.1 國際投資基金概述 ……………………………………… (61)
3.4.2 國際投資基金的種類 …………………………………… (62)
3.4.3 國際投資基金的當事人 ………………………………… (64)
3.5 國際信貸合作 …………………………………………………… (65)
3.5.1 國際信貸合作概述 ……………………………………… (65)
3.5.2 政府貸款 ………………………………………………… (67)
3.5.3 國際金融機構貸款 ……………………………………… (68)
3.5.4 國際銀行貸款 …………………………………………… (71)
習題 ……………………………………………………………………… (73)

4 國際技術貿易 ………………………………………………………… (76)
4.1 國際技術貿易概述 ……………………………………………… (76)
4.1.1 技術的含義及特點 ……………………………………… (76)
4.1.2 國際技術貿易的產生與發展 …………………………… (77)
4.1.3 國際技術轉讓與國際技術貿易 ………………………… (77)
4.1.4 國際技術貿易的特點與發展趨勢 ……………………… (78)
4.1.5 國際技術市場 …………………………………………… (80)
4.2 國際技術貿易的內容 …………………………………………… (80)
4.2.1 專利 ……………………………………………………… (80)

4.2.2　商標 …………………………………………………………（87）
　　4.2.3　專有技術 ……………………………………………………（91）
4.3　國際技術貿易的主要方式 ……………………………………………（92）
　　4.3.1　許可證貿易 …………………………………………………（92）
　　4.3.2　合作生產與合資經營 ………………………………………（93）
　　4.3.3　技術服務 ……………………………………………………（93）
　　4.3.4　補償貿易 ……………………………………………………（93）
　　4.3.5　國際工程承包 ………………………………………………（94）
4.4　國際技術貿易的價格與稅費 …………………………………………（94）
　　4.4.1　技術的價格 …………………………………………………（94）
　　4.4.2　技術轉讓費的支付 …………………………………………（95）
　　4.4.3　國際技術貿易中的稅費 ……………………………………（95）
習題 ……………………………………………………………………………（96）

5　國際工程承包與勞務合作 …………………………………………………（99）

5.1　國際工程承包概述 ……………………………………………………（99）
　　5.1.1　國際工程承包的概念、業務範圍及特點 …………………（99）
　　5.1.2　國際工程承包的方式 ………………………………………（99）
5.2　國際工程承包的招標與投標 …………………………………………（100）
　　5.2.1　招標 …………………………………………………………（100）
　　5.2.2　投標 …………………………………………………………（103）
5.3　國際工程承包合同與施工管理 ………………………………………（104）
　　5.3.1　國際工程承包合同的分類 …………………………………（104）
　　5.3.2　國際工程承包合同的內容 …………………………………（106）
　　5.3.3　國際工程承包的施工管理 …………………………………（108）
5.4　國際工程承包的銀行保函 ……………………………………………（108）
　　5.4.1　保函的概念 …………………………………………………（108）
　　5.4.2　銀行保函的內容 ……………………………………………（108）

5.4.3　銀行保函的種類 …………………………………………………（109）
　5.5　國際工程承包的施工索賠與保險 ……………………………………（109）
　　　5.5.1　施工索賠 ………………………………………………………（109）
　　　5.5.2　國際工程承包保險 ……………………………………………（111）
　5.6　國際勞務合作 …………………………………………………………（113）
　　　5.6.1　國際勞務合作概述 ……………………………………………（113）
　　　5.6.2　國際勞務合同 …………………………………………………（114）
　習題 ……………………………………………………………………………（115）

6　國際租賃 …………………………………………………………………（118）
　6.1　國際租賃概述 …………………………………………………………（118）
　　　6.1.1　國際租賃的概念 ………………………………………………（118）
　　　6.1.2　國際租賃的優勢與局限性 ……………………………………（118）
　6.2　國際租賃方式 …………………………………………………………（119）
　　　6.2.1　融資租賃 ………………………………………………………（119）
　　　6.2.2　槓桿租賃 ………………………………………………………（121）
　　　6.2.3　經營租賃 ………………………………………………………（122）
　　　6.2.4　綜合租賃 ………………………………………………………（123）
　6.3　國際租賃合同 …………………………………………………………（123）
　6.4　國際租賃機構及實施程序 ……………………………………………（125）
　　　6.4.1　國際租賃機構 …………………………………………………（125）
　　　6.4.2　國際租賃基本程序 ……………………………………………（126）
　習題 ……………………………………………………………………………（127）

7　國際稅收 …………………………………………………………………（129）
　7.1　國際稅收概述 …………………………………………………………（129）
　　　7.1.1　國際稅收的含義與特徵 ………………………………………（129）
　　　7.1.2　稅收管轄權與國際雙重徵稅 …………………………………（130）

7.2 國際避稅與國際反避稅 …………………………………………（132）
　7.2.1 國際避稅的概念 …………………………………………（132）
　7.2.2 國際避稅產生的原因 ……………………………………（132）
　7.2.3 國際避稅的主要方法 ……………………………………（133）
　7.2.4 國際反避稅措施 …………………………………………（134）
習題 ……………………………………………………………………（135）

1 國際經濟合作導論

1.1 國際經濟合作的概念與內涵

1.1.1 國際經濟合作的概念

國際經濟合作（International Economic Cooperation）是指第二次世界大戰以後，不同主權國家政府、國際經濟組織和超越國家界限的自然人與法人，為了共同的利益，在生產領域和流通領域中（側重於生產領域）所進行的以資本、技術、勞動力、土地等生產要素的國際移動和重新組合配置為主要內容的較長期的經濟協作活動。國家（地區）之間的經濟政策協調也是國際經濟合作的重要內容。

1.1.2 國際經濟合作的內涵

（1）國際經濟合作的主體

國際經濟合作所涉及的主體非常廣泛，包括主權國家政府之間、國際經濟組織之間、主權國家與國際經濟組織之間、國際企業法人之間、國家間自然人與法人之間、主權國家非法人機構之間、主權國家學術團體之間等的經濟協作活動。由於他們之間的合作超越了國界，不同於一國國內各級政府、各地區法人與自然人之間的經濟合作，所以，國際經濟合作所涉及的政治風險、經濟風險、社會風險、文化背景、國家法律、管理條件等都遠比國內經濟協作複雜。

（2）國際經濟合作的內容

由於各個國家、地區的自然條件和經濟發展水平不同，各國所擁有的生產要素在質量和數量上存在一定的差異。只有將不同國家、地區的占優勢的生產要素結合起來，才能降低生產成本，促進經濟發展。通過國際經濟合作，各國可以輸入自己經濟發展所必需而又短缺的生產要素，輸出自己具有優勢或多餘的生產要素，從而實現生產要素的互通有無和重新配置，使各國的生產要素充分發揮作用，推動各國的生產力的發展。

在經濟合作中，難免發生利益衝突，造成合作雙方的矛盾和糾紛。因此，通過國際經濟組織的協調和國際經濟政策的協調，來解決國際經濟合作中的衝突和難題，顯得格外重要。

（3）國際經濟合作的範圍

國際經濟合作的範圍涵蓋生產領域和流通領域。過去的國際經濟合作大多數發生

在流通領域（以貨幣為媒介交換商品的領域，不創造社會產品和國民收入），但隨著科學技術和生產力的發展，國家間的經濟聯繫不斷加強，國家間的經濟交往也就逐漸拓展至資本、技術、勞務合作等生產領域，因此國際經濟合作也逐漸擴展至生產領域。

1.2 國際經濟合作的影響因素

國際經濟合作由於跨越了國界，合作雙方（或多方）不僅要考慮到國家間政治、經濟、法律、文化、社會倫理等方面的因素，還要考慮到合作夥伴之間管理文化和組織管理條件之間的差異。

1.2.1 政治因素

隨著世界經濟的發展，政治因素對國際經濟合作的影響作用似乎越來越強烈。一國對外經濟政策的制定、涉外經濟活動管理、貿易干預主義、經濟外交、國際經濟協調等，對國際經濟合作的影響程度也越來越深化。

例如，美國政府長期以影響國家安全為由打擊中國民營企業——華為公司在美發展，最終華為公司宣布退出美國市場；被譽為「避稅天堂」的瑞士銀行，在各國的壓力下，最終於 2014 年 5 月 6 日在經濟合作與發展組織年度部長理事會議上，與 46 個國家（包括其他經合組織國家、二十國集團成員國以及開曼群島和澤西島等離岸中心）簽署了《稅務事項信息自動交換宣言》，象徵著瑞士告別了幾百年來堅持保護銀行客戶隱私的做法，宣言最終能夠正式實施還需要簽署國對國內相關法律進行修改，因此最早將於 2017 年正式實施。

1.2.2 經濟因素

影響國際經濟合作的經濟因素包括經濟發展週期、國家間經濟體制的差異、國家間資本市場的發展程度、市場潛力等。

經濟發展週期歷經繁榮、衰退、蕭條、復甦四個階段。當世界經濟處於繁榮階段時，國際經濟合作常表現為規模大的特徵，而當世界經濟處於下行階段時，國際經濟合作則呈現頹靡態勢。受 2008 年世界金融危機影響，國際經濟合作受到猛烈衝擊，而今正以緩慢之速在恢復之中。

不同經濟體制對國際經濟合作的影響不容小覷。具有中國特色的社會主義市場經濟體制，讓不少國內企業在選擇以及適應國際經濟合作時，往往面臨極大的考驗，如資本市場的開放程度、經濟開放領域、允許外資介入的比例等因素的影響。

受全球經濟低迷和自身內部結構轉型的雙重影響，新興國家普遍進入調整期，經濟增長速度開始放緩。新興國家之間的經貿合作也開始出現動力不足的現象，過去一段時間的合作中的不平衡問題開始凸顯。新興市場國家的合作遇到了重要挑戰，這導致各國需要根據具體的國情，通過改革和調整，深入挖掘經濟發展的潛力，提高競爭力。加強科技創新的合作無疑是實現這一目標的重要推力。因此，來自成熟市場的技

術要素成為新興市場國際經濟合作的寵兒。

1.2.3 法律體系

一國的法律體系（Legal System）或制度，指法律或法令。它們規定了行為要合乎實施法律的程序，並且通過法律實現公正。一國的法律規定了國際經濟合作各方的權利和義務，制約著國際經濟合作實踐。不同國家法律環境差異往往很大，通常反應出該國統治者的政治意志。

世界各國所採用的法律主要有三大體系，或三種法律傳統，即普通法、大陸法和宗教法。

（1）普通法（Common Law）

普通法體系亦稱英美法系，以傳統、先例和慣例為基礎。傳統是指一個國家的法律歷史；先例是指法院以前所判過的案例；慣例則是指具體應用法律的方式。法庭在解釋普通法時，會依據這些特徵行事，這給普通法體系帶來了某種程度的靈活性。在普通法體系下，法官有權解釋法律，所以它只適用於個別案例的特定情景。這樣，每個新的解釋便確立了一個先例，而此後發生類似案例則可參照此先例。普通法系的主要特點是注重法典的延續性，以判例法為主要形式，存在英國法和美國法兩大支流，它們在法律分類、憲法形式、法院權力等方面存在一定的差別。

當前，適用普通法的有：英國、美國、加拿大、印度、巴基斯坦、孟加拉國、馬來西亞、新加坡以及非洲的個別國家和地區。

（2）大陸法（Civil Law System）

大陸法體系是以一套十分詳盡的法律條文所組成的法典為基礎的。法庭在解釋大陸法時，所依據的就是這些法律條文。相對於普通法體系而言，大陸法體系具有較少的對抗性，因為法官主要依據詳盡的法律條文，而不是傳統、先例和慣例。在大陸法體系中，法官只有應用法律的權力。

大陸法體系覆蓋了當今世界的廣大區域：德國、法國、日本、中國等。

（3）宗教法（Theocratic Law System）

宗教法體系是以宗教教義為基礎的一種法律制度。伊斯蘭法是現代世界使用最為廣泛的宗教法律制度。伊斯蘭法主要側重於道德倫理，而不是一個商業法規，它傾向於全方位地管理生活。伊斯蘭法的基本精神是不能變更的，但是在現實中，伊斯蘭法官和學者也經常爭論伊斯蘭法律如何在現代世界應用的問題。事實上，許多伊斯蘭國家所採用的法律制度是伊斯蘭法和普通法或大陸法的混合體。儘管伊斯蘭法主要關注倫理行為，但它也沿用於某些商業活動。

1.2.4 文化因素

文化是指一群人所共同擁有的、為生存而設計和構建的一種價值觀和準則的體系。價值觀構成了文化的基礎，提供了建立和判斷某種社會準則的背景。準則，包括社會習俗和道德準則，是影響人們相互行為的社會規則。

一種文化的價值觀和準則的形成並非一朝一夕，而是許多因素長期作用的產物。

這些因素包括主流宗教、語言、教育、社會結構、政治哲學、經濟哲學等。因此，在不同文化環境的國家進行國際經濟合作時，必須要尊重當地的文化背景。

在信奉伊斯蘭教的國家中展開國際經濟合作時，應當注意伊斯蘭教的一條經濟原則——禁止支付利息或收受利息，利息被看成高利貸。伊斯蘭銀行推出了兩種不同的經營方式：摩達拉巴協議和摩拉巴哈協議。摩達拉巴協議相當於一種利潤共享的方式。在此框架下，銀行貸給企業一筆款項時，不是向企業收取這筆借款的利息，而是與企業共同分享這筆投資所獲的利潤。伊斯蘭銀行模式，即摩拉巴哈協議，按照此協議，當一家公司希望使用貸款購買某設備時，這家公司與賣家談定價格後就告知銀行，然後銀行花錢購買該設備，而借款者晚些時候再花比賣價更高的價格向銀行購買。

對於選擇國際經濟合作的合作方，要考慮的一個重要問題就是一個社會的文化如何影響工作場所的價值觀，管理和實踐過程可能要按照文化所決定的與工作相關的價值觀來調整。有關文化與工作場所的價值觀之間的相關性的研究，最著名的就是霍夫斯泰德的文化維度理論。霍夫斯泰德的文化維度理論包括五個方面內容，分別是：權力距離、個人主義與集體主義、不確定性規避、男性主義與女性主義、儒家動力（或「長期導向」）。

（1）權力距離

此維度強調的是，在一個社會中如何對待人在體力和智力方面存在差異的事實。高權力距離文化的國家會使這種不平等隨時間轉化為權力和財富的不平等，低權力距離文化的國家則盡可能縮小這種不平等。

（2）個人主義與集體主義

此維度強調的是個人與其夥伴之間的關係。在個人主義的社會裡，個人之間的聯繫是鬆散的，個人成就和自由是受高度重視的。在集體主義的社會裡，個人之間的聯繫是緊密的，每個人都應重視其所屬集體的利益。

（3）不確定性規避

此維度是用來度量不同文化中的成員對不確定情形的接受程度。高不確定性規避文化的成員將工作安全、職業類型、退休待遇等放在優先地位，他們更需要規章和條例，上級需要發出清晰的指令，而下屬的主動性則受到嚴格的限制。低不確定性規避文化則表現出更願意冒險和對變革的抵觸情緒較少的特性。

（4）男性主義與女性主義

此維度是探尋性別與工作角色之間的關係。在男性主義文化中，性別角色明顯不同，傳統的「男性價值觀」（如成就和有效行使權力）決定文化觀念。而在女性主義文化中，性別角色沒有很明顯的區別，在同類的工作中男人與女人幾乎沒有差異。

（5）儒家動力（或「長期導向」）

按照霍夫斯泰德的理論，儒家動力影響了人們對時間、毅力、地位、面子、尊重傳統以及接受禮物等問題的看法。

1.2.5 社會倫理因素

倫理是指支配一個人的行為、職業操守或一個組織的行為的約定俗成的法則。商

業倫理是指支配商人行為的一整套約定俗成的規則，而倫理策略則是指不違反這些規則的策略或行動綱領。在國際經濟合作中，最常見的社會倫理問題包括員工待遇、人權、環境污染、腐敗以及國際合作方的社會責任等。

(1) 員工待遇

當東道國的工作條件明顯低於跨國公司母國的條件時，暫時還沒有確定的標準供企業選擇實施。但跨國公司決不能對其在國外的企業或轉包商們惡劣的工作環境聽之任之。例如，當國際經濟合作雙方（或多方）選擇在非洲的貧窮地區實施項目時，必須注意當地員工的薪酬問題。

(2) 人權

有觀點認為，一個跨國公司在一個缺乏民主和人權的國家做生意是合乎倫理的。長期的外國投資促進了經濟發展，提高了當地居民的生活水平，這些發展最終將促使更多的人對參與管理、政治多元化以及言論自由提出要求。但這一觀點是有局限的。有些國家或地區非常落後，以至於很難合乎倫理地經商。例如，在印度，童工現象普遍存在，雖然印度法律禁止14歲以下兒童在工廠、礦山和高危行業工作，但印度許多商人卻仍在大肆雇用童工。

(3) 環境污染

當東道國的環境保護制度不如母國完善時，也會發生倫理問題。環境是公共產品，任何人都可以使用，但又是任何人都可以破壞的。這種情況被稱為「公地悲劇」。公地悲劇即一項大家共同擁有的資源，不屬於任何個人，但每個人都能使用且在過度使用，結果便導致資源的逐漸削減。發達國家在經過兩次工業革命後，逐步將污染企業和能源企業向不發達國家或地區轉移。這雖然推動了不發達國家和地區的經濟發展，但不發達國家和地區卻為此付出了慘痛的代價：大氣污染、水污染、土壤污染等問題。面對全球嚴峻的環境污染問題，聯合國政府間氣候變化專門委員會通過艱難的談判，於1992年5月9日通過《聯合國氣候變化框架公約》（UNFCCC，以下簡稱《公約》），於1997年12月在日本京都通過了《公約》的第一個附加協議，即《聯合國氣候變化框架公約的京都議定書》（以下簡稱《京都議定書》），正式構建碳排放交易機制。但目前發達國家對《京都議定書》和《馬拉喀什建立世界貿易組織協定》的承諾，遠不能滿足根據人均碳排放權分配原則所應承擔的義務。當前，中國已有4家主要的碳排放交易所：深圳排放權交易所、北京環境交易所、上海環境能源交易所和天津排放權交易所。其中，深圳排放權交易所在2013年6月18日率先啟動了交易，並產生了1,300多萬的交易量。

(4) 腐敗

「加急費」或「通融費」並不是用來獲取那種如果不支付就拿不到合同的費用，也不是用來獲取排他性利益的費用，而是為了保證一家企業能從外國政府得到它應有的公平待遇所支付的費用，如果不支付則有可能因為某個官員的拖延而得不到。一些經濟學家提出，在一個國家，如果已有的政治體制扭曲或限制了市場機制的正常運行，那麼通過黑市、走私和向政府官員支付公關費等方式「加速」政府批准商業投資，有可能促進福利。相反，另一些經濟學家認為，腐敗降低了商業投資的回報，從而導致

了較低的經濟增長。因此，加急費的合理性導致了一個倫理困境。世界著名非政府組織透明國際建立的清廉指數排行榜（見圖1-1），反應了全球各國商人、學者及風險分析人員對世界各國腐敗狀況的觀察和感受。廉潔指數的結果表明，如果一個國家的基礎部門功能得不到發揮，腐敗就會肆虐，混亂隨之滋長蔓延。

圖1-1　2016年全球清廉指數

註：圖片來自透明國際官網，www.transparency.org；顏色越深代表清廉指數越低，該地區越腐敗；在2016年被調查的178個國家或地區中，最高分為90分，最低分為10分。

（5）社會責任

國際經濟合作各方的社會責任，是指在特定的法律框架、社會規範和經營環境下，合作各方在履行其基本經濟職能的同時，需要從合作的長期利益和社會公共利益出發，自覺、主動地採取符合社會目標和公眾利益、適應社會與其變化的各種社會行動方案，為社會發展做出積極貢獻。寶潔、聯合利華等眾多跨國企業均制定了明確的社會責任，在其官網即可查詢。

1.3　國際經濟合作的產生、發展及意義

1.3.1　國際經濟合作的產生

國際經濟合作是在傳統的國際經濟聯繫的基礎上產生和發展起來的，是國際經濟關係在一定歷史條件下的特殊存在方式。因此，國際經濟合作是一個歷史性的經濟範疇，它的產生和發展有著深刻的社會、歷史原因。

第二次世界大戰以前，國際經濟聯繫的主要形式是商品貿易，各國所具有的生產要素優勢主要以商品貿易為載體和媒介進行間接轉移，國家間生產要素的直接轉移顯得並不重要。因此，第二次世界大戰以前，國際經濟合作只是處於萌芽狀態。直到第二次世界大戰爆發，原本的政治、經濟格局發生了巨大的變化。

（1）歐洲列強主宰全球時代的結束

第二次世界大戰的爆發結束了歐洲列強主宰全球的舊時代，並逐步過渡到美、蘇

對峙的新時代。戰後，各主要資本主義國家在政治、經濟、社會和對外關係等方面為經濟復甦進行了一系列的改革。

（2）第三次科學技術革命的出現

第三次科學技術革命的出現，極大地提高了生產力，並促使國際分工產生了新的變化：

①國際分工產生的主要基礎不再是自然條件，而是科學技術水平以及由此決定的一國的綜合競爭力。

②國際分工的地域和範圍不斷擴大，幾乎所有國家和地區都被納入當代國際經濟體系。

③國際分工的深度進一步發展。國際分工由產業間發展到產業內，而且還出現了國與國之間在產品類型、零件種類、生產流程上的國際分工，各國的直接生產過程成為統一的世界生產過程的組成部分。

④混合型國際分工成為國際分工的主要類型。垂直型國際分工分為兩種。一種是指部分國家供給初級原料，而另一部分國家供給製成品的分工狀態，如發展中國家生產初級產品，發達國家生產工業製成品，這是不同國家在不同產業間的垂直分工。經濟越發達，分工越細化，產品越複雜，生產工藝就越複雜，加工的次數也就越多。從初級產品到最終產品所涉及的生產過程構成了市場。跨國公司的全球化擴張活動有力地催化了國際經濟合作。求和平、謀發展、共合作的目標促使各國在更廣泛的領域內進行合作，國際經濟聯繫的方式逐漸轉向以生產要素轉移為主要內容的國際經濟合作。另一種是指同一產業內技術密集程度較低的工序之間的分工，這是相同產業內部因技術差距導致的分工。

水平型國際分工可分為產業內與產業間水平分工。產業內水平分工又稱為「差異產品分工」，是指同一產業內不同廠商生產的產品雖有相同或相近的技術程度，但其外觀設計、內在品質、規格、品種或價格有所差異從而產生的分工和相互交換。產業間水平分工，是指不同產業所生產的製成品之間的分工。

混合型國際分工，即垂直型國際分工與水平型國際分工相結合的國際分工。

（3）國際經濟組織發揮著愈益重要的作用

國際經濟組織由全球性經濟組織和區域性經濟組織兩部分構成。

①全球性經濟組織。二戰以後，布雷頓森林貨幣體系建立的同時，國際貨幣基金組織（International Monetary Fund，簡稱IMF）和世界銀行（World Bank，簡稱WB）進入世人眼中，並在國際經濟合作中發揮著重要的引導和維護作用。此外，影響力較大的全球性經濟組織還包括關稅與貿易總協定（GATT，1947—1996年）以及取代關稅與貿易總協定的世界貿易組織（World Trade Organization，簡稱WTO，1995年至今）。

②區域性經濟組織。區域性經濟組織是指參加者局限於某一洲或某一地區的國家或民間團體的國際經濟組織，其特點是參與國之間的聯合能夠實現其經濟目的或增強其經濟實力。比較有代表性的區域性經濟組織包括歐洲經濟共同體（於1993年更名為歐洲聯盟，簡稱歐盟）、亞洲太平洋經濟合作組織（APEC，簡稱亞太經合組織）、北美自由貿易區（North American Free Trade Area，簡稱NAFTA）、東南亞國家聯盟（Association of Southeast Asian Nations，簡稱 ASEAN）等。區域性經濟組織在促進南南合作、南北合作方面發揮了良好的作用。

1.3.2 國際經濟合作的發展

第二次世界大戰之後，以國家間生產要素流動為主要內容的國際經濟合作極大地推動了各國經濟的發展，提高了居民的福利水平。其發展趨勢主要有如下四個方面：

（1）競爭更加激烈

國際經濟合作領域同國際貿易領域一樣存在著激烈的競爭，今後這種競爭將呈現加強的趨勢。各國的競爭不僅發生在經濟領域，而且還存在於政治、科技、教育、軍事等領域。為爭奪外國資本和勞務，各國皆想盡辦法，以謀求國際市場的一席之地。當前競爭特別激烈的領域集中於計算機服務、生物醫療、海洋勘探、服務業等領域。

（2）集團化趨勢明顯

由於生產要素流動趨向集團化，因此各經濟集團及其內部之間、各個國家之間的經濟合作業務將有較大增加，這會促使各種區域性的經濟合作組織不斷湧現、已存在的區域經濟組織向更高一級發展。參加區域性經濟組織的國家，可以便利地依靠區域內的各種有利條件，尋求更廣泛和更深層次的合作。當前，發展層次較高的區域經濟一體化經濟集團主要集中在發達資本主義國家，所以，國際經濟合作的集團化趨勢，事實上是發達國家合作加強的表現。

（3）經濟合作形式多樣化

以往的國際經濟合作形式主要是國際直接投資、國際間接投資、國際信貸合作、國際租賃等形式，但近年來又出現了諸多國際經濟合作的新形式，包括非股權形式的國際投資、BOT（建設-經營-轉讓）投資、聯合研究與開發新技術或新產品、帶資承包工程、帶資移民、勞務支付形式的補償貿易、對外加工裝配等形式的境內國際勞務合作、跨國性經濟特區等。隨著國際經濟合作的深化發展，還會湧出更多新的合作形式。

（4）經濟政策協調經常化和制度化

國家間經濟政策的協調屬於宏觀國際經濟合作範疇。隨著國際經濟活動的開展，國與國之間的聯繫也日益緊密，改善外部條件和充分調動全球資源成為各國的重要任務。而外部條件的改善，除了依靠市場機制的調動外，還需要各國的政策配合。當前，世界貿易組織、八國集團、二十國集團、歐洲聯盟等，這些經濟組織的成員國之間的經濟政策的協調也通過國家首腦定期會晤、成員國代表定期舉行會議的形式進行商討和確定。

1.3.3 國際經濟合作的意義

（1）為國際經濟的發展提供了良好的外部條件

國家間的經濟協調與合作，有利於克服國際經濟的矛盾和糾紛，有利於解決國際經濟中的不平衡現象，進而為國際經濟合作提供穩定而良好的外部發展條件。國家間在經濟上的協調包括經濟發展水平相近或差距較大的國家間的協調、區域性經濟組織和跨區域性經濟組織所進行的協調等各種形式。例如，國際貨幣基金組織自成立之時

起，就在為國家間的金融與貨幣領域的合作和穩定的國際匯率秩序不懈努力。亞太經合組織（APEC）在推動區域和全球範圍的貿易投資自由化和便利化、開展經濟合作方面不斷取得進展，為加強區域經濟合作、促進亞太地區經濟發展和共同繁榮做出了突出貢獻。

（2）實現了各國生產要素的互補

通過國際經濟合作，各國取他人之長補己之短，促使生產要素在國家間得到優化配置，突破本國生產要素稟賦的瓶頸。在南北合作中，雙方合作的基礎往往依賴於發展中國豐富的自然資源與發達國家豐厚的資本和技術的互補。

（3）提高了生產要素的使用效率和要素收益

通過國際經濟合作，生產要素在國家間流動，使得各國能夠將自己的優勢生產要素與其他國家的優勢生產要素結合起來，為產品生產帶來規模經濟效益。

（4）擴大了國際貿易的規模和範圍

伴隨著生產要素的國際移動，一些機器設備和原材料等的國際貿易量迅速增長。例如，對外直接投資可以輸出母國機器設備、原材料和勞務人員到東道國去，再將東道國的技術特長和先進工藝帶回母國。

1.4 國際經濟合作的類型與方式

國際經濟合作的內容十分豐富，範圍也極其廣泛。我們可以從不同角度，將國際經濟合作劃分為不同的類型，與之相伴的是國際經濟合作方式的不斷演變。

1.4.1 國際經濟合作的類型

（1）按國際經濟合作的範圍劃分

按國際經濟合作的範圍，可將國際經濟合作劃分為廣義國際經濟合作和狹義國際經濟合作。

廣義國際經濟合作，是指一切超越國家界限的各種形式的經濟往來，不僅包括生產領域的經濟合作，還包括國際商品貿易、國際金融服務等內容。

狹義國際經濟合作，僅指以生產要素的國際流動為本質內容的、主權國家間及國家與國際經濟組織間的經濟協作活動，如國際工程承包、勞務合作、對外經濟援助。

（2）按參與主體劃分

按參與國際經濟合作的主體，可將國際經濟合作劃分為宏觀國際經濟合作和微觀國際經濟合作。

宏觀國際經濟合作，是指政府之間、政府與國際經濟組織之間通過一定方式展開的活動，包括簽訂雙邊或多邊協定或條約，調整和確定本國的涉外經濟法律、法規及措施，對有關的國際經濟合作活動提供法律保護，通過經濟外交形式不斷協調本國與其他國家間的經濟合作關係，等等，如《京都議定書》對世界碳排放量的規劃、瑞士與47國簽署協定放寬銀行保密條款等。

微觀國際經濟合作，是指不同國籍的自然人與法人之間所開展的經濟合作活動，主要是指不同國家的企業或公司間的經濟合作，如綠地投資、合資、對外承包工程、技術轉讓等。

二者相互影響。宏觀國際經濟合作對微觀國際經濟合作的主體、範圍、規模和性質影響巨大，並服務於微觀國際經濟合作，多數形式的宏觀國際經濟合作最終都要落實到微觀國際經濟合作上來，微觀國際經濟合作是宏觀國際經濟合作的基礎。

（3）按宏觀國際經濟合作參與方數量劃分

按宏觀國際經濟合作參與方數量，可將國際經濟合作劃分為雙邊國際經濟合作和多邊國際經濟合作。

顧名思義，兩國政府之間的經濟合作稱為雙邊國際經濟合作，兩個以上的政府之間、一個政府與國際經濟組織之間、多個政府與國際經濟組織之間、國際經濟組織內部的國際經濟合作統稱為多邊國際經濟合作。多國政府之間的經濟合作如歐盟、亞太經合組織、東南亞國家聯盟等區域經濟組織的內部活動，都算多邊合作關係。

（4）按參與主體經濟水平差異劃分

垂直型國際經濟合作，是指經濟發展水平相差較大的國家、企業之間的經濟合作。例如，廣東、浙江等省份十分普遍的貼牌生產，其訂貨商大多為國際知名企業，如ZARA、HM等。

水平型國際經濟合作，是指經濟發展水平差異不大的國家、企業之間的經濟協作活動，如谷歌公司與360公司的合作、華為公司與特斯拉公司的合作等。

1.4.2 國際經濟合作的方式

（1）國際直接投資

國際直接投資，是指投資者為了在國外獲得長期的投資效益並得到對企業的控製權，通過直接建立新的企業、併購原有企業等方式進行的國際投資活動。其具體方式包括合資經營、合作經營、獨資經營、境外投資企業、境外研發中心、境外併購、非股權併購等。海爾、華為等一系列民營企業的驕傲品牌，皆在海外擁有獨立的研發中心，並在不斷地發展新的分支研發基地。面對金融危機的衝擊、中國國內實體經濟蕭條的情況，中國企業家們逐漸將目光轉向海外併購，但中國跨國公司形成時間短、總體競爭實力不強，使得他們規避海外國家風險的能力也比較弱，因此，成功的海外併購案例的比例還比較低。

（2）國際間接投資

國際間接投資包括國際證券投資和國際信貸投資兩種方式。國際證券投資，包括投資者購買外國發行的公司股票、公司債券、政府債券、衍生債券等金融資產，只謀取股息、利息或買賣證券的差價收益，而並非為了獲得籌資者的控製權。國際信貸投資的具體形式包括外國政府信貸、國際金融組織信貸、出口信貸、混合信貸、貼息信貸、國際租賃信貸等。

（3）國際技術合作

國際技術合作包括國家和地區間的有償技術轉讓和無償技術轉讓兩種方式。

有償技術轉讓即指國際技術貿易，主要採用以專利、專有技術或商標使用權為內容的多種貿易方式，具體形式有：許可證貿易、技術服務、合作生產或合資經營中的技術轉讓、交鑰匙工程等。

無償技術轉讓一般以科技交流和技術援助的形式出現，如交換科技情報、科技專題討論會、技術專家交流活動等。

(4) 國際服務合作

國際服務合作，是指提供服務的企業和其他機構與國外企業或承包人根據服務合同的規定所進行的合作，包括境內服務和境外服務兩種形式。境內服務是指一國的企業和其他機構與本國以外的企業或承包人在本國境內所進行的合作。境內服務合作方式包括外來加工貿易、科研生產與文化藝術合作、國際旅遊、諮詢服務等。境外服務是指一國的企業和其他機構與本國以外的企業或承包人在境外所進行的合作。境外服務合作方式包括對外承包工程、派遣技術和勞務人員參與外國企業或承辦人承辦的項目服務等。

(5) 國際信息與管理合作

國際經濟信息合作是指不同國家、不同組織、不同企業之間經濟信息的交流與交換。國際管理合作的具體方式包括對外簽訂管理合同、聘請國外管理集團、管理專家進行管理諮詢，合營企業聯合管理、交流管理資料，等等。2010 年，錦江酒店以 3 億美元收購美國獨立酒店管理公司洲際酒店集團，洲際全球管理著包括萬豪、希爾頓等品牌在內的近 400 家酒店，分佈於全球 10 個國家，專業向萬豪等國際酒店品牌提供管理服務。畢馬威、麥肯錫等投資諮詢公司，也憑藉其全球投資信息收集和整理的能力，為全球投資者提供投資諮詢服務。

(6) 其他國際合作

其他國際合作包括雙邊與多邊經貿合作、國際經濟政策的協調與合作、國際土地合作、國際發展援助等。

1.5　國際經濟合作理論

1.5.1　國際分工理論

國際經濟合作的基礎是國際分工，而國際分工則是生產力水平發展到一定歷史階段，社會分工由一國國內向國外延伸的結果。因此，國際分工也是一個歷史範疇的經濟學概念。國際分工理論大體上經歷了 3 個發展階段。

1.5.1.1　傳統國際分工理論（15 世紀至 16 世紀）

早期的國際分工理論與古典國際貿易理論相聯繫，以亞當·斯密（Adam Smith，經濟學鼻祖）的絕對優勢理論和大衛·李嘉圖（David Ricardo）的比較優勢理論為代表。

(1) 絕對優勢理論

①基本內容。絕對優勢理論認為，在某一種類商品的生產上，一個國家在勞動生

產率上佔有絕對優勢，或其生產所耗費的勞動成本絕對低於另一個國家，如果兩個國家都從事自己佔有超過它國絕對優勢商品的生產，然後進行國際貿易，則雙方都可以從中獲利。

示例：假設世界上只有 A 國和 B 國，兩個國家都生產葡萄酒和黃油。

以小時計算勞動投入	葡萄酒	黃油
A 國的勞動投入	100	100
B 國的勞動投入	150	50
總產量	2 單位	2 單位

在分工以前，生產一單位的葡萄酒，A 國需要投入 100 小時的勞動，而 B 國卻需要 150 小時。由此可見，對於生產葡萄酒，A 國具有絕對優勢。以此類推，B 國在黃油生產上具有絕對優勢。如果按照絕對優勢分工，則：

	葡萄酒	黃油
A 國	100+100 = 200	
B 國		150+50 = 200
總產量	200/100 = 2 單位	200/50 = 4 單位

分工的結果是，相同的勞動投入，產出結果比分工前多生產了 2 單位的黃油。

②假設條件。這是一個 2×2×1 模型（假設只有兩個國家，生產兩種產品，只有一種生產要素：勞動）；兩國在不同產品上的生產技術不同，存在著勞動生產率的絕對差異；勞動決定商品價值，且所有勞動都是同質的；這是一個物物交換的世界，即兩國之間相互出口值相等；給定生產要素（勞動）供給，要素充分就業，並且可以在國內不同部門自由流動，但在兩個國家之間不流動；當生產要素和其他經濟資源從一個部門轉到另一個部門時，增加生產的產品機會成本保持不變；市場是完全競爭的，各國生產的產品價格都等於生產成本，無經濟利潤；商品可以在兩國之間自由流動，不存在商品貿易的人為障礙，如政府干預和國際運輸成本等。

③評價。以往的國際貿易理論均從流通領域解釋國際貿易產生的原因，而絕對優勢理論首次從生產領域進行解釋。它系統地批評了重商主義的觀點，認為國際貿易是一場正和博弈，為以後的國際貿易理論研究奠定了十分重要的基礎，是最早的主張自由貿易的理論。

但該理論的假設條件十分苛刻，局限性很大，也不能解釋如果兩個國家中有一國在兩種產品的生產上都不擁有絕對優勢時國際分工該如何進行的情況。絕對優勢理論雖然建立在勞動價值論的基礎上，但不能說明在國際交換中是否是等價交換。

(2) 比較優勢理論

①基本內容。比較優勢理論認為，國際貿易的基礎並不限於勞動生產率的絕對差異，即便一個國家在兩種產品的生產方面都具有絕對優勢，另一個國家在兩種產品的生產上都處於絕對劣勢，只要兩國間存在著勞動生產率的相對差異，就會出現生產成本和產品價格的相對差異，從而使兩國在不同產品上擁有比較優勢，使合理的國際分工和國際貿易成為可能。李嘉圖認為，各國不一定要專門生產勞動成本絕對低（即絕

對有利）的商品，而只要專門生產勞動成本相對低的商品，便可進行對外貿易，並能從中獲益和實現社會勞動的節約。因此，應該按照「兩優相權取其重，兩劣相衡取其輕」的比較優勢原則進行分工。如果一個國家在兩種商品的生產上都處於絕對有利的地位，但有利的程度不同，而另一個國家在兩種商品的生產上都處於絕對劣勢的地位，但不利程度也不同。在這種情況下，前者應生產最有利的商品，後者應生產其不利程度最小的商品，兩國通過國際貿易來獲得更多的產品，節約社會勞動。

示例：A 國和 B 國都生產土豆和小麥。

	土豆	小麥
A 國	40	70
B 國	90	80
總產量	2 單位	2 單位

分工前，無論是土豆還是小麥的生產，A 國的生產效率都要高於 B 國，但 A 國生產土豆的效率與其生產小麥的效率相比要高，B 國生產小麥的效率相對比其生產土豆的效率要高。因此，如果按照比較優勢理論，則 A 國應專門生產土豆，B 國應專門生產小麥。

	土豆	小麥
A 國	40+70＝110	
B 國		90+80＝170
總產量	110/40＝2.75 單位	170/80＝2.125 單位

分工後，兩種產品的產量都高於分工前的產量。

②假設條件。比較優勢理論與絕對優勢理論的假設條件基本相同，差別在於：兩國在相同產品上的生產技術不同，並存在著勞動生產率的相對差異。

③評價。比較優勢理論揭示了國際貿易的基礎是比較優勢，而非絕對優勢，更貼近生活實際，是國際貿易的主流理論，為後來的貿易理論發展和深化指明了方向，為實行自由貿易提供了有力的理論依據，曾在相當長時期內構成了國際分工與國際貿易理論的主流。按照該理論，各國的貿易結構應該表現為完全的、專業化的國際分工，但現實情況並非如此。它將多變的經濟狀況抽象為靜態的、凝固的狀態，忽略了動態分析；從國際貿易的互利性出發，認為各國要想獲得貿易利益，必須實行自由貿易，但現實是各國都存在貿易保護主義。此外，比較優勢理論從比較成本出發，認為各國的貿易政策應建立在發揮各自優勢的基礎上，但這實際上會讓相對落後的國家的經濟結構凝固化，也就是經濟學所說的「比較優勢陷阱」。

何謂比較優勢陷阱？比較優勢陷阱是指一國陷入自然資源的比較優勢而不能自拔，固化於產業鏈的低端，最終喪失創新能力和競爭能力。比較優勢陷阱可以分為初級產品比較優勢陷阱和製成品比較優勢陷阱。前者是指按照比較優勢發展經濟的發展中國家，運用勞動力資源和自然資源優勢參與國際分工，伴隨著這種戰略的實施，其國際分工地位會逐漸固定在低附加值環節。由於初級產品的需求彈性小，加上初級產品國際價格的下滑，發展中國家的貿易條件日益惡化，甚至出現「貧困化增長」現象。

中國作為發展中大國，也主要採取的是比較優勢戰略，在這一戰略的指導下，中國的對外貿易取得了巨大的成就，但隨著對外貿易規模的擴大，該戰略的弊端也逐漸顯現出來：傳統比較優勢正在減弱，中國正在失去「世界工廠」這一地位，取而代之的是東南亞國家如泰國、越南、老撾等國家的加工貿易的興盛；在國際分工中的地位上升得十分緩慢；大國經濟效應限制了比較優勢的發揮。

貧困化增長。貧困化增長是指一國由於某種原因（一般總是單一要素供給的極大增長）而使傳統出口商品的出口規模極大地增長，這不僅導致該國貿易條件的嚴重惡化，而且使得該國國民福利水平出現絕對下降。

貧困化增長最初是由布雷維什和辛格提出的，後來印度經濟學家巴格瓦蒂將貿易條件和經濟增長聯繫起來研究，其基本含義是：大國經濟增長引起貿易條件嚴重惡化，以致社會福利下降程度遠遠高於人均產量增加對社會福利的改善程度，最終會出現越增長越貧困的結果，因此，貧困化增長又叫作「悲慘的增長」。

1.5.1.2　國際分工理論的發展（19世紀末至20世紀初）

先後出現的兩次工業大革命，導致生產力水平的空前提高，使得國際分工在深度和廣度上都達到了空前的水平。在前人的基礎上，西方學者對國際分工展開了更為深入的理論研究，其中，影響最深的則是要素稟賦理論。要素稟賦理論（H-O定理），又稱專業化分工定理，最早由經濟學家伊·菲·赫克歇爾及其學生貝蒂·俄林提出，後經薩繆爾森、雷布欽斯基等人不斷加以完善。

（1）基本內容

比較優勢理論認為，國際貿易的基礎是勞動生產率的差異，而要素稟賦理論卻認為，國際貿易的基礎依賴於國家的要素稟賦。要素稟賦是指一國具有的一些資源如土地、勞動力和資本的豐裕程度。不同國家具有不同的要素稟賦，而不同的要素稟賦產生了不同的要素成本。一國將專業化生產並出口較密集地使用本國相對豐裕的生產要素的產品，進口較密集地使用本國相對稀缺的生產要素的產品，這樣貿易雙方皆可獲利。

示例：A國和B國生產1單位小麥需要4單位土地和2單位勞動力；生產1單位土豆需要3單位土地和3單位勞動力。A國和B國的要素價格為：

	單位土地	單位勞動力
A國	1美元	8美元
B國	4美元	6美元

所以A國和B國生產1單位小麥和土豆需要：

	單位小麥	單位土豆
A國	4×1+2×8=20美元	3×1+3×8=27美元
B國	4×4+2×6=28美元	3×4+3×6=30美元

赫克歇爾認為，產生比較成本的差異須有兩個前提：第一，兩個國家的要素稟賦不同；第二，不同產品生產使用的要素比例不同。

（2）假設前提

①2×2×2模型，即假設只有兩個國家、生產兩種產品、使用兩種生產要素（勞動

力 L 和資本 K）。

②兩國生產方法、技術、勞動生產率相同，即生產函數一樣，規模報酬不變。

③一國的 K 相對豐裕，另一國的 L 相對豐裕，兩國的 K/L 不同，即單位勞動使用的資本不同。

④一種產品是勞動密集型產品，另一種產品是資本密集型產品，且要素密集度固定。（要素密集度是指產品生產中某種要素投入比例的大小，如果某要素投入的比例大，稱該要素密集程度高；反之，則該要素密集程度低。根據產品生產所投入的生產要素所佔比例的不同，可把產品劃分為勞動密集型產品和資本密集型產品）。

⑤K 相對豐裕的國家利率 i 低，L 相對豐裕的國家工資率 w 低。

⑥商品和要素市場是完全競爭的，K、L 在國內可完全自由流動，在國家間不能自由流動。

⑦不考慮需求，或需求偏好相同，並且不變。

⑧完全自由貿易，商品在兩國間流動沒有運輸成本和貿易壁壘等限制。

（3）斯托爾珀-薩繆爾森定理

該定理基本內容：某商品相對價格的上升，將導致該商品密集使用的生產要素的實際價格和報酬提高，而另一種生產要素的實際價格或報酬則下降。

由斯托爾珀-薩繆爾森定理可以得出：國際貿易會提高該國豐裕要素所有者的實際收入，降低稀缺要素所有者的實際收入。即國際貿易雖然改善了一國整體的福利水平，但並不是對每一個人都是有利的，因為國際貿易會對一國要素收入分配格局產生實質性影響。需要注意的是，要素價格的均等是以商品價格的均等為先決條件的。現實中，由於運輸成本和貿易壁壘的存在，各國的商品價格難以達到完全一致。另外，要素價格均等要求各國的生產技術條件必須相同，這也是一個比較苛刻的條件。

（4）雷布欽斯基定理

雷布欽斯基定理內容：在商品相對價格不變的前提下，某一要素的增加會導致密集使用該要素的部門的生產增加，而另一部門的生產則下降。

（5）H-O 理論的缺陷

H-O 理論只用要素稟賦差異解釋貿易的發生，並不具有普遍性。因為自然稟賦並非貿易發生的充分條件，社會因素在確定一國對外開放的戰略中具有極其重要的地位，同時，H-O 理論比較強調靜態結果，排除了技術進步等因素，這嚴重影響了該理論的廣泛適用性。事實上，一國的資源優勢除了自然稟賦外，還有由於社會經濟發展而重新產生的後天優勢。例如，一國的資本豐富狀況大多是社會經濟發展的產物。另外，這一理論並未考慮需求因素，因此，其對現實的解釋能力受到一定削弱。

（6）里昂惕夫悖論

按照 H-O 定理，在國際分工中，一國應出口密集使用本國相對豐裕要素生產的產品，進口密集使用本國相對稀缺要素生產的產品。在這樣的觀點下，一般認為，美國是一個資本充足但勞動力相對不足（高工資率）的國家，因此，美國生產、出口機器設備等資本密集型產品應具有相對優勢，進口的則應是勞動密集型產品。美國經濟學家里昂惕夫利用投入-產出分析法對美國的對外貿易進行經驗檢驗，目的是對 H-O 定

理進行驗證。他把生產要素分為資本和勞動力兩種，對200種商品進行分析，計算出每百萬美元的出口商品和進口替代品所使用的資本和勞動量，從而得出美國出口商品和進口替代品中所含的資本和勞動的密集程度。其結論顯示，美國出口商品與進口替代品相比，前者的勞動密集度更高。據此可以認為美國出口商品具有勞動密集型特徵，而進口替代品更具有資本密集型特徵。對此，諸多經濟學家提出了不同的解釋。

①人力資本。里昂惕夫本人提出了勞動力非同質的結論，既複雜勞動是簡單勞動的倍加，從而指出了H-O模型前提中的缺陷。里昂惕夫認為，美國工人的勞動生產率比其他國家高了3倍，因此，美國的勞動存量應是勞動人數乘以3，這樣美國出口的就是勞動密集型產品了。在此基礎上，美國經濟學家基辛對這個問題進一步加以研究。他將美國企業職工區分為熟練勞動和非熟練勞動，並根據這兩大類對14個國家的進出口商品結構進行了分析，得出了以下結論：資本較豐裕的國家傾向於出口熟練勞動密集型商品，資本較缺乏的國家傾向於出口非熟練勞動密集型商品。美國經濟學家凱恩發現美國的出口以物質資本加人力資本密集型商品為主，該發現支持了H-O定理。

②自然資源。該解釋認為，一些自然資源密集型產品如能源，往往也是資本密集型產品。考慮到美國的某些自然資源如石油是相對稀缺的，從自然資源角度看，如果剔除美國進口的稀缺的自然資源，就可以解釋美國為什麼進口的是資本密集型商品。

③要素密度逆轉。要素密度逆轉是指同一種產品中要素的比例在不同的國家會有所不同，如某些產品在勞動力相對豐裕的國家中屬於勞動密集型產品，但在資本相對豐裕的國家中則屬於資本密集型產品。要素密集度逆轉是由於各國的生產要素豐裕程度和要素價格不同，它們在生產同一種商品時可能會採用不同的方法，因而投入的要素比例不同。

④需求逆轉。在要素稟賦理論中，兩國消費者偏好被假設為完全相同。事實上，兩國消費者偏好是不可能完全相同的，而是存在一定的需求差異。基於需求逆轉，可以這樣解釋里昂惕夫悖論：雖然美國的資本比較充裕，但如果美國消費者的消費結構中資本密集型產品（以製成品為主）占據絕大部分比重，那麼美國則有可能出口勞動密集型產品，進口資本密集型產品。

⑤貿易保護政策。由於種種因素，如美國對進口勞動密集型產品進行限制，以維持國內高工資，因此美國的貿易政策偏向限制和減少進口勞動密集型產品以保護本國的同類產品。這些政策扭曲了美國的貿易結構，減少了進口產品的勞動密集度。

⑥研究方法。利默爾提出里昂惕夫悖論可能實際上並不存在，導致這種悖論出現的原因可能是研究方法的錯誤。利默爾認為，H-O理論分析得到的是進出口平衡時的結論，但在現實世界中，貿易失衡是常見現象，里昂惕夫悖論主要出現在20世紀40年代和50年代，此時美國對外貿易存在巨額順差。利默爾指出，在貿易失衡的條件下，應該通過計算和比較美國整體生產和消費中的資本-勞動力比率來檢驗H-O理論。利默爾發現，美國生產品中的資本-勞動（K/L）比率顯著高於消費品中的資本-勞動比率。

1.5.1.3 國際分工理論的當代發展（第三次科技革命以後）

第三次科技革命的發展推動國際分工產生了革命性的變化，以波斯納、弗農、林

德、克魯格曼為代表的西方經濟學家對國際分工做出了新的理論解釋。

(1) 技術差距論

技術差距論，又稱模仿滯後假說。該理論由美國經濟學家波斯納（M. V. Posner）首創。波斯納認為各國對技術的投資和技術革新的進展情況很不一致。技術革新領先的國家發展出一種新技術和新的生產流程而這項技術其他國家尚未掌握時，國家間的技術差距便產生了。技術革新領先的國家就有可能享有出口技術密集型產品的比較優勢。但是，其他國家遲早會掌握這種技術，從而消滅該技術差距。

正是一國的技術優勢使其在獲得出口市場方面佔有優勢。當一國成功創新某種產品後，便在其他國家掌握該項技術之前產生了技術領先優勢，可出口技術領先產品，一直持續到技術模仿國能夠生產出滿足其對該產品的全部需求為止。在現代經濟社會，科技發達的國家是不斷會有再創新、再出口出現的。因此，即使在要素稟賦和需求偏好相似的國家間，技術領先也會形成比較優勢，從而產生國際貿易。但該理論直接解釋了差距為何會消失，而無法充分說明貿易量的變動與貿易結構的改變。

(2) 產品生命週期理論

產品生命週期理論於1966年由美國哈佛大學教授雷蒙德·弗農（Raymond Vernon）提出。產品生命週期（Product Life Cycle，簡稱PLC），是產品的市場壽命，即一種新產品從開始進入市場到被市場淘汰的整個過程。弗農認為，產品生命是指市場上的行銷生命，產品和人的生命一樣，要經歷形成、成長、成熟、衰退的階段。而這個週期在不同的技術水平的國家裡，發生的時間和過程是不一樣的，期間存在一個較大的差距和時差。這一時差表現為不同國家在技術上的差距，反應了同一產品在不同國家市場上的競爭地位的差異，從而決定了國際貿易和國際投資的變化。

典型的產品生命週期一般分為四個階段：導入期（研發階段）、成長期、成熟期和衰退期，如圖1-2所示。

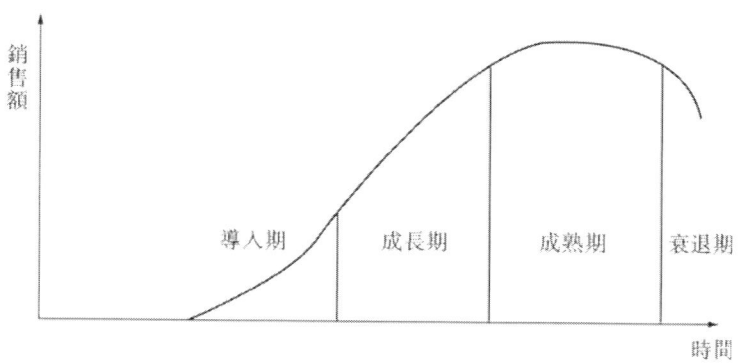

圖1-2　產品生命週期

①導入期。在這一階段，創新產品剛被生產出來，這時對新產品的國內需求彈性較低，需求量相對較大，生產者只是少數具有壟斷技術的廠商，這些廠商擁有壟斷地位，處於買方市場。這一階段，需要大量的科學技術投入，因此產品屬於技術密集型產品。

根據弗農的研究，創新一般發生在美國，原因是：美國技術水平高，科研人員多；科研經費多；企業水平高，科研成果能迅速轉化為生產力；有需求偏好，喜歡新產品；市場容量大，購買力大，產品有銷路。

在新產品的引入階段，生產是非標準化的，產品差異性明顯，生產規模較小。生產主要是滿足國內市場不斷增長的需求，不存在國際貿易，或者只有規模非常小的國際貿易活動。

由於產品需求在很大程度上與收入水平相關，所以在新產品引入階段，即便存在較小規模的國際貿易，也主要是集中在收入水平相近的發達國家之間。

②成長期。在這一階段，技術已經成型並已開始擴散，生產過程的標準化程度不斷提高。生產從研發密集型轉向資本密集型，包括物質資本和人力資本在內的資本成為生產的關鍵投入。生產階段的轉化和生產特徵的變化，使得生產過程中的規模經濟效應越來越明顯。此外，在創新國內部，新進入的廠商不會受到技術約束，市場競爭程度不斷提高。產品價格彈性提高，出現一些國內模仿者，這使得企業必須不斷擴大生產規模，以降低單位成本和增加競爭力。生產的增加帶動出口的增加，包括對其他發達國家的出口和對發展中國家的出口，並逐漸達到高峰。

在此階段，產品開始由技術密集型向資本密集型轉變，生產逐步標準化。在成長階段，因為面臨國外的競爭，所以創新國企業開始選擇服務國外需求的最優方式。基於對國際貿易成本的考慮，創新國企業會在本國生產並出口、到目標市場投資生產並在當地銷售和對外技術轉讓這三種方式之間進行權衡選擇。

③成熟期。成熟期，即進入標準化階段。這時產品的生產技術完全標準化，由於技術已凝集在標準化的機器設備中，通過購買這些標準化的機器設備就可以獲得全部生產技術和工藝，產品之間無差異，而大規模的批量生產需要資金的投入，因此，這一階段的產品屬於資本密集型產品。在這種情況下，勞動成本成為決定競爭結果的關鍵因素。

擁有勞動成本優勢的發展中國家大規模擴大生產，並開始向發達國家出口，這一階段，產品屬於勞動密集型產品。包括創新國在內的發達國家的國內生產不斷減少，並從出口逐步變為進口。在這一階段，市場競爭越來越激烈，消費者對產品已有較大的選擇餘地，市場開始變成買方市場，且生產也逐漸專門化。而且外國廠商開始大量模仿生產該產品，創新國壟斷地位逐步喪失，出口開始大幅度下降，模仿國產品在第三國已開始取代創新國產品。

④衰退期。到達衰退期後，模仿國開始向創新國出口，創新國逐步退出生產，成為淨進口國。由於這種創新產品在創新國已完全失去競爭優勢，因此創新國已著手研究開發新的產品。

(3) 偏好相似理論

偏好相似理論（Preference Similarity Theory）是瑞典經濟學家斯戴芬·伯倫斯坦·林德（Staffan B. Linder）提出的。林德認為，國際貿易是國內貿易的延伸，產品的出口結構、流向及貿易量的大小取決於本國的需求偏好，而一國的需求偏好又取決於該國的平均收入水平。這是由於：第一，一種產品的國內需求是其能夠出口的前提條件，

換句話說，出口只是國內生產和銷售的延伸，企業不可能去生產國內不存在擴大需求的產品；第二，影響一國需求結構的最主要因素是平均收入水平，高收入國家對技術水平高、加工程度深、價值較大的高檔商品的需求較大，而低收入國家則以低檔商品的消費為主，以滿足基本生活需求；第三，兩國有共同需求的情況，我們稱之為重疊需求，兩國的消費偏好越相似，則其需求結構越接近。

傳統的比較優勢理論認為，各國經濟水平越接近，其開展國際貿易的可能性越小。偏好相似理論則相反，各國經濟發展水平越接近，越有擴大相互貿易的可能性，這可能更貼近國際貿易實際。

(4) 規模經濟理論

規模經濟（又稱規模報酬），是描述一定技術水平條件下投入和產出關係的一個概念。它建立在兩個重要前提之上：公司投入要素比例不變；投入品的價格不變。以此為前提的生產函數顯示規模報酬遞增的結果是平均成本下降。

規模經濟產生的原因有兩個：一是分攤到每一產品上的固定成本下降；二是隨著規模的擴大，專業化分工更細，勞動生產率提高。

規模經濟可分為內部規模經濟和外部規模經濟。內部規模經濟主要來源於企業本身生產規模的擴大，由於生產規模的擴大和產量的增加，分攤到每個產品上的固定成本越來越少，從而使產品的平均成本下降。而外部規模經濟主要來源於行業內企業數量的增加所引起的產業規模的擴大。

1.5.2 國際相互依賴理論

二戰後興起的「依附」論觀點，曾經在拉丁美洲、非洲和西歐一些國家廣為傳播，引起了國際上較多的爭論。國際相互依賴理論是指國家之間或其他國際行為主體之間廣泛的、一般的相互影響和相互制約的關係，涉及政治、經濟、軍事、社會生活等多個方面。

依附論的主要代表人物包括著名阿根廷經濟學家勞爾·普雷維什（Raul Prebisch, 1901—1986）、著名全球化問題專家薩米爾·阿明（Samir Amin, 1931年至今）等。他們對國際經濟相互依賴提出了不同的看法和主張，形成了很多流派，其中以普雷維什的「中心-外圍」理論影響最為深遠。

「中心-外圍」理論把世界分為兩大部分：一部分是發達資本主義國家（稱為「中心」地區）；另一部分是發展中國家（稱為「外圍」或「邊緣」地區）。「中心」國家在社會經濟方面有很多優勢，而「外圍」國家在社會經濟方面屬於劣勢地位。因此，「中心」國家和「外圍」國家之間存在著根本上的不平衡關係。前者越來越富，後者越來越窮。「外圍」國家在經濟上處於依附「中心」國家的不利地位，社會生活條件日趨惡化。

他們主張，「外圍」國家只有從世界經濟體系中脫離出來，才有可能獲得發展；「外圍」國家只有獨立自主地發展民族經濟，打破舊的、不平等的國際分工格局，才有可能從惡性循環中解脫出來。他們堅持，「外圍」國家必須與「中心」國家脫鉤，改革國內經濟制度，加強政府對經濟的干預，採取進口替代發展戰略，在封閉型經濟中

實現經濟增長的良性循環。

依附論者比較深刻地分析了發達國家與發展中國家間不平等的經濟關係，揭露了發達國家利用舊的國際分工體系剝削與掠奪發展中國家的事實和本質，從而提出了獨立自主地發展民族經濟的道路，這些方面的觀點還是具有進步意義的。但是，依附論的「中心」與「外圍」的劃分、「外圍」必然依附「中心」的邏輯是不科學的，忽略了發展中國家作為一支重要力量對世界經濟發展的巨大作用。另外，依附論所謂發展中國家應同國際經濟和世界市場「脫鉤」的政策主張，顯然是對既有聯繫又有矛盾的國際經濟關係現實的否認，其結果必然對發展中國家的經濟發展非常不利。

1.5.3　區域經濟一體化理論

1.5.3.1　區域經濟一體化的含義

區域經濟一體化是指各成員國之間消除相互的各種歧視，把各自分散的國民經濟納入一個較大的經濟組織中的狀態或過程。

第二次世界大戰以後，隨著經濟生活國際化的發展，經濟一體化日益成為戰後世界經濟發展的主要特徵，對戰後國際政治經濟格局的變化和經濟的發展都產生了重要的影響。相鄰近的國家根據自己經濟發展的目標，相互協調、相互協作，採取某些共同的對內、對外政策，以促使商品、勞務、資本、技術等在區域內自由流動，從而促進區域經濟的發展。這種區域經濟一體化是經濟一體化的主要內容，也是國際經濟合作的重要組成部分，研究國際經濟合作必須探討區域經濟一體化問題。

1.5.3.2　區域經濟集團的特徵

區域經濟集團的特徵包括成員資格的區域性以及區域經濟集團內部的開放性、對外的排斥性、利益的放大性。「區域經濟一體化」與「世界經濟一體化」思潮相伴相生，既矛盾又統一。

1.5.3.3　區域經濟一體化的形式

（1）優惠貿易安排

優惠貿易安排是指成員國之間通過協定或其他形式，相互提供比非成員國更低的關稅壁壘。這是一體化程度最低級的一種形式。其特徵是：取消關稅和部分實現貨物的自由流動。如1932年英國及其附屬國建立的「英聯邦特惠制」。

（2）自由貿易區

自由貿易區是指成員國之間消除所有的貿易壁壘，但每個成員國對非成員國保留自己的壁壘，一體化程度較低級。其特徵是：實現貨物完全自由流動，但成員國仍保持對非成員國獨立的貿易壁壘。如1960年成立的歐洲自由貿易聯盟、1994年成立的北美自由貿易區等。

（3）關稅同盟

成員國之間取消所有的貿易壁壘，並且對非成員國實行統一的關稅稅率或其他貿易政策。關稅同盟是較高層次的一體化形式。其特徵是：自由貿易區和共同的關稅政

策。如 1967 年成立的歐洲共同體。

（4）共同市場

在關稅同盟實現商品自由流動的基礎上，進一步實現了資本、勞動力等生產要素在各成員間的自由流動。其特徵是：自由貿易和要素的自由流動。如 1993 年成立的歐洲聯盟。

（5）經濟同盟

經濟同盟在共同市場的基礎上，進一步協調甚至統一成員國之間的經濟政策，是一種高層次的一體化形式。其特徵是：自由貿易、要素自由流動、統一的經濟政策。如目前的歐盟。

（6）完全經濟一體化

完全經濟一體化是經濟一體化的最高階段。區域內各國的經濟、金融、財政等政策均完全統一，在成員國之間完全取消商品、資本、勞動、服務等自由流動的人為障礙。歐洲共同體於 1988 年提出的在 1992 年實現「統一大市場」的目標，就是力圖實現這一計劃。

1.5.3.4　區域經濟一體化理論的形成和發展

（1）關稅同盟理論

在經濟一體化理論中，關稅同盟理論占據了重要地位。關稅同盟理論是由美國經濟學家雅各布‧維納（Jacob Viner）提出的，後經理查德‧利普西（R. Lipsey）等經濟學家進一步擴展了這一理論。

①貿易創造效應。貿易創造效應是指由於關稅同盟取消了同盟內的關稅壁壘，從而使生產轉向同盟內最有效率的供應者所產生的利益。它由生產利益和消費利益構成。關稅同盟成立後，能在比較優勢的基礎上進行更專業化的生產，成員國也會從其他生產成本更低的國家進口生產品，其結果是：一方面，本國該項產品的消費開支降低，從而擴大了需求，增加了貿易量；另一方面，本該用於該種產品的生產資源被更為有效地用於他處，從而提高了生產利益。

②貿易轉移效應。貿易轉移效應是指由於關稅同盟對外設立統一的關稅壁壘，從而使成員國在購買同盟內廉價的產品時可能導致某種轉移性損失。關稅同盟成立前，成員國可從世界上生產效率最高、成本最低的國家進口產品；關稅同盟成立後，成員國則通常轉向從同盟內生產效率最高的國家進口產品。如果後者不同於前者，則意味著進口成本增加、消費開支增大，同盟內社會福利水平下降。

③關稅同盟的動態效應。國內市場狹小的國家加入關稅同盟後，可以利用區域內市場擴大出口，增加收入，達到帶動經濟發展及對抗大國的目的；成員方企業可以在擴大了的區域市場內不斷擴大生產規模，降低成本，獲得規模經濟效益；區域經濟集團的建立提高了市場的透明度，限制或削減了濫用非市場力量所帶來的社會成本，並將刺激公司改組和產業合理化，推動先進技術的廣泛使用，從而提高經濟效益和增進社會利益。

(2) 大市場理論

大市場理論是分析共同市場成立與效益的理論。共同市場與關稅同盟有所不同，它比關稅同盟又進一步。其目的是把那些被保護主義分割的小市場統一成大市場，通過大市場內的激烈競爭，實現大批量生產等方面的利益。提出大市場理論的代表人物是德紐（J. F. Deniau）和提勃爾・西托夫斯基（T. Scitovsky）。

大市場理論的核心是：通過國內市場向統一的大市場延伸，擴大市場範圍獲取規模經濟利益，從而實現技術利益；通過市場的擴大，創造激烈的競爭環境，進而達到實現規模經濟和技術利益的目的。

1.6　中國與國際經濟合作

1.6.1　中國參與國際經濟合作的發展歷史

自中華人民共和國成立，中國便開始發展對外經濟合作業務，尤其是在「改革開放」的號召下，中國的對外經濟合作發展迅速，極大地促進了中國國民經濟的發展。中國的國際經濟合作歷程大致經歷了三個階段。

（1）初始階段（1950—1960年）

自中華人民共和國成立開始，中國便努力同蘇聯和東歐的一些國家開展國際經濟合作，但由於帝國主義國家當時對中國實行封鎖禁運，中國開展國際經濟合作的規模和數量都很受限。

（2）緩慢發展階段（1960—1978年）

20世紀60年代，中國開始與日本和一些西歐國家建立經濟合作關係，主要是從西方國家引進化纖、化工、石油、冶金、礦山、電子和精密機械等方面的設備和技術。同時，中國也加強了對亞洲、非洲和拉丁美洲的一些發展中國家的經濟技術援助。

（3）快速發展階段（1978年至今）

中國真正意義上開展國際合作是在改革開放之後。改革開放之後，中國迅速開展與美國、日本等發達國家的貿易往來和投資、技術合作，由單純的貨物貿易，擴大到包括貨物貿易、技術貿易、相互投資、政府資金合作等的全面經濟合作。20世紀90年代之後，世界經濟格局呈現出多極化發展趨勢，世界經濟一體化與區域經濟集團化趨勢日趨明顯，國際經濟機構的影響力不斷加強，因此，中國開始加強與國際經濟機構的合作，促進區域經濟合作發展。2001年，中國加入世界貿易組織後，開始全面推進國際區域經濟合作進程，形成了現今全方位、多層次的區域經濟合作格局。

1.6.2　中國參與國際經濟合作取得的成就

（1）貨物貿易

1978年，中國進出口額只有355億美元，到了2016年，中國貨物貿易進出口總額達24.33萬億元，其中出口13.84萬億元，進口10.49萬億元。

（2）利用外商直接投資

1982年以前，中國累計實際利用外商直接投資金額17.7億美元。2016年，在全球經濟緩慢復甦、跨國投資不振的大背景下，中國吸收外資工作取得不俗成績，實際使用外資金額8,132.2億元，新設立外商投資企業2.79萬家。其中服務業實際使用外資金額5,716億元，高新技術服務實際使用外資956億元。美歐對華投資繼續保持較快增長勢頭，日本對華投資同比增長1.7%，逆轉了連續兩年大幅下跌的態勢。

（3）對外直接投資

中國的對外直接投資近年來增長迅速。2016年，中國境內投資者全年共對全球164個國家和地區的7,961家境外企業進行了非金融內直接投資，累計實現投資11,299.2億元，其中，併購的地位和作用日益凸顯。

（4）對外承包工程和勞務合作

從近年來中國在交通運輸業簽訂的項目來看，中國在公路、橋樑、高鐵項目建設上已達到世界先進水平，具有較強的競爭力；中國的水、電行業，在發展中國家有市場，競爭力比較強；石油化工業的優勢處於上升階段，石油化工業的三大公司在項目的資本運作、施工管理等方面具備了和西方大公司競爭的條件；在礦山建設、資源開發等工業項目方面，中國企業走出去較晚，但已經呈現了一定的競爭力。2016年，中國對外承包工程業務完成營業額10,589.2億元，新簽合同額16,207.9億元，中國對外勞務合作派出各類勞務人員49.4萬人，其中承包工程項下派出23萬人，勞動合作項下派出26.4萬人。

1.6.3 中國開展國際經濟合作的發展方向

中國過去發展取得的巨大成就，得益於對外開放。中國將堅定不移地奉行互利共贏的開放戰略，不斷創造更全面、更深入、更多元的對外開放格局。

（1）加大先進製造業合作

中國經濟結構正在轉型升級，航空航天設備、海洋工程裝備及高技術船舶、先進軌道交通裝備、節能與新能源汽車、電力裝備、農機裝備、新材料、生物醫藥及高性能醫療器械、高檔數控機床和機器人等產業被列為中國十大戰略新興產業。而通過互聯網與工業深度融合的智能製造是《中國製造2025》的主攻方向，將在新一輪產業革命中搶占未來製造業變革的先機，實現製造業上下游合作夥伴的無界限價值鏈共享經濟。中國將根據實際需要，選擇合作夥伴，與國際相關領域先進企業和機構進行合作。

（2）加大節能環保合作

綠色發展是中國提出的五大發展理念之一，今後中國會更加注意單位產值中的生態效用占比，綠色概念將會成為中國經濟中的新亮點，綠色產業在中國具有巨大的投資潛力和發展空間。中國將加強與擁有節能環保先進技術的國家和企業的合作，開發國內巨大的節能環保市場。同時，中國將發揮發展中大國的力量，與其他發展中國家共同為第三世界國家謀取權益，幫助其他國家在環保事業上取得巨大的進步。

（3）加強第三國產能合作

中國為促進全球經濟特別是發展中國家的經濟發展，實現包容性增長，提出了

「一帶一路」倡議。通過幫助發展中國家加強基礎設施建設，實現互聯互通，最終幫助他們實現根據自身優勢建立相應的工業產業體系，從而融入全球產業價值鏈體系，分享全球經濟發展成果的目的。

(4) 促進科技創新合作

為培育和發展引領經濟發展的新產業，實現經濟結構調整、生產方式轉變，提升經濟中長期增長潛力，中國正在各個層面開展科技創新，實現科技成果的產業化。當前，中國迫切需要與科技發達的企業與國家合作，從而提高科研質量、改進科研成果化的機制和體制、創立創業文化和氛圍等。

(5) 吸收外資和利用外資

中國將繼續從國內、國際兩方面完善外資政策和法律體系，使其向著更有利於自身經濟發展的方向演進。主要區域自由貿易安排的推進、與歐美雙邊投資協定談判的進展、二十國集團貿易投資機制的建設等將發揮重要作用。

習題

一、單選題

1. 提出比較成本學說的古典經濟學家是（　　）。
    A. 亞當·斯密　　　　　　　　B. 大衛·李嘉圖
    C. 赫克歇爾　　　　　　　　D. 俄林

答案：B

2. 如果甲國生產一只手錶需要8個勞動日，生產一輛自行車需要9個勞動日；乙國生產手錶和自行車分別需要13和11個勞動日，根據比較優勢學說，（　　）。
    A. 甲國應集中生產和出口手錶
    B. 甲國應集中生產和出口自行車
    C. 乙國應集中生產和出口手錶
    D. 乙國不宜參加社會分工

答案：A

3. 出國留學屬於《服務貿易總協定》規定的哪種服務貿易提供方式（　　）。
    A. 跨境支付　　　　　　　　B. 境外消費
    C. 商業存在　　　　　　　　D. 自然人流動

答案：B

4. 成員國間取消關稅和數量限制，但仍保持對非成員國各自獨立的貿易壁壘的區域經濟一體化形式是（　　）。
    A. 自由貿易區　　　　　　　B. 關稅同盟
    C. 共同市場　　　　　　　　D. 經濟同盟

答案：A

5. 在《關稅與貿易總協定》延續的 48 年歷史中，一共經歷了八輪多邊貿易談判，其中首次涉及非關稅措施問題的是（　　）。

    A. 狄龍回合　　　　　　　　B. 肯尼迪回合

    C. 東京回合　　　　　　　　D. 烏拉圭回合

答案：B

二、簡答題

1. 簡述國際經濟合作產生和發展的社會、歷史原因。

答：國際經濟合作產生和發展的社會、歷史原因包括：①不斷發展的科技革命是國際經濟合作產生和發展的原動力；②戰後國際分工的新發展是國際經濟合作產生和發展的基礎；③經濟生活國際化和各國經濟依存度的加深是促進國際經濟合作發展的重要因素之一；④跨國公司的迅猛發展是國際經濟合作產生和發展的直接推動力；⑤各類國際經濟組織在國際經濟合作發展的過程中發揮了重要作用；⑥世界政治格局的變化為國際經濟合作的產生和發展創造了良好的條件。

2. 簡述生產要素國際流動的原因。

答：生產要素國際流動的原因主要包括兩個方面：

（1）各國間生產要素稟賦的差異性，包括資本、勞動力、技術和其他生產要素方面的差異。

（2）各國間經濟發展水平的不平衡性：①從合理配置資源角度分析，為了實現資源的合理配置，發展中國家與發達中國家以及發達國家之間會產生生產要素的國際流動；②從各國經濟結構角度分析，經濟發展水平的不平衡性，導致各國對要素需求在種類、質量和數量上的不一致，從而造成價格差異，促進了生產要素的國際流動；③各國政府通過行政手段、法律手段、經濟手段和國際協調手段，採取鼓勵性干預措施促進生產要素的國際流動。

三、論述題

試談談你對中國設立上海自由貿易試驗區的意義的認識。

答：中國設立上海自由貿易試驗區具有以下意義：

（1）有利於中國主動順應全球化經濟治理新格局、對接國際貿易投資新規則。當前，國際經濟在貿易和投資領域正在發生著三個顯著趨勢性變化：一是智能化製造和數字化服務結合，出現了新的產業形態和新的商業模式；二是服務貿易迅速發展，服務已經脫離製成品，成為重要的貿易產品；三是全球貿易規則發生了變化，過去的重點是貿易規則，現在是投資規則。

世界貿易組織（WTO）多邊貿易體系經過 70 多年的發展，其局限性也日益突出──主要涉及貨物貿易而很少涉及服務貿易，只協調境外壁壘而不涉及境內壁壘。而且，近年來 WTO 多邊貿易體系發展緩慢，由於不同國家經濟發展水平和經濟結構差異較大，所以在 WTO 框架範圍內達成協議非常難。

當前，美國正在亞太地區和歐洲地區推動發展《跨太平洋夥伴關係協議》（TPP）

和《跨大西洋貿易與投資夥伴協議》（TTIP）。TPP 和 TTIP 如果在預期內順利完成，將在很大程度上改變世界經濟貿易規則、標準和格局。這兩個自貿區的共同特點是不包括中國。如果上述談判按計劃完成，中國將面臨嚴峻的「二次入世」的危險。上海自貿區的設立就是要先行試驗國際經濟貿易新規則、新標準，累積新形勢下參與雙邊、多邊、區域合作的經驗，為與美國等發達國家開展相關談判提供參考，從而為中國參與制定新國際經濟貿易規則提供有力支撐。

（2）釋放更多的制度紅利，促進中國經濟轉型升級。設立上海自貿區不僅有助於促進貿易活動，更能加速要素流動，並通過加大開放力度，倒逼國內加快改革步伐，促進中國經濟的轉型升級。

（3）創新制度建設，促進開放向縱深發展。制度建設是上海自貿區建設的重要內容，通過行政審批制度改革，自貿區也將成為制度創新「試驗田」。上海建設自貿試驗區，改革的重要方向是終結審批制，逐步建立「以准入後監督為主、准入前負面清單方式許可管理為輔」的投資准入管理體制，促進外商投資便利化，為跨國公司經營和合作創造條件。

（4）金融改革的試驗區。上海自貿區建設的一個核心在於金融改革，特別是試點金融的自由化。上海自貿區內的先行先試，使國家金融改革、創新有關部署在上海最先落地。可以預期，利率市場化、匯率市場化、金融市場產品創新、離岸業務、金融業對外開放以及內資外投等可能在上海自貿區優先進行試點。

2 國際直接投資

2.1 國際直接投資概述

2.1.1 國際直接投資的概念

國際直接投資（International Direct Investment），又稱外國直接投資（Foreign Direct Investment，簡稱 FDI），是指投資者為了在國外獲得長期的投資效益並得到對企業的控製權，通過直接建立新的企業、公司或併購原有企業等方式進行的國際投資活動。國際直接投資的流量是指在一段時間內（通常是一年）發生的國際直接投資的數量。國際直接投資的存量是指在某個時點上外國持有的資產的累計總量。

FDI 分為兩種：對外直接投資和外來直接投資。對外直接投資（Outflows of FDI）是指一國國際直接投資的流出；外來直接投資（Inflows of FDI）是指國際直接投資的流入。

2.1.2 國際直接投資的類型

從投資者動機出發，聯合國將 FDI 分為市場尋求型、資源或資產尋求型以及效率尋求型 FDI。或者可以更簡單地將 FDI 劃分為水平型（市場導向型）FDI 和垂直型（出口導向型）FDI。前者指為接近當地市場而最終產品生產線在東道國複製、產品在東道國銷售；後者指依據各地生產要素價格將生產環節分佈於不同國家，產品出口特定東道國。

（1）水平型對外直接投資

水平型對外直接投資也稱橫向型對外直接投資，是指一國企業將生產資本輸出到另一國，在投資所在國設立子公司，根據當地情況從事某種產品的設計、生產和銷售等全部經營活動。這類子公司和其他企業能夠獨立完成生產和銷售，與母公司或國內企業保持水平分工關係。這種類型的直接投資多見於機械製造業和食品加工業等部門。

促使水平型對外直接投資出現的一個重要原因是國際貿易壁壘（這裡的貿易壁壘是廣義的，它包括關說壁壘、跨國運輸成本等一切增加國際貿易成本的因素）。貿易壁壘越高，對外直接投資的可能性也就越大。反之，貿易壁壘越低，對外直接投資的動力也就越小。而經濟全球化的發展使得這類跨國公司對外直接投資的動力逐步削弱。各國經濟正朝著國際一體化的方向發展，世界經濟的大統一使得國際貿易領域逐步實現自由化，各國紛紛開始降低關稅壁壘，從而使跨國直接投資繞開關稅壁壘的這一動力下降。

水平型對外直接投資使母子公司之間在公司內部相互轉移生產技術、行銷訣竅、商標、專利等無形資產，有利於增強各自的競爭優勢與公司的整體優勢，減少交易成本，從而形成強大的規模經濟。水平型對外直接投資與出口主要體現為替代關係。

（2）垂直型對外直接投資

垂直型對外直接投資也稱縱向型對外直接投資，一般指一國投資者為了在生產的不同階段實現專業化而將生產資本直接輸出到另一國並建立企業的投資活動。這種投資方式在資源的開採、提煉、加工和製成品製作過程中使用較多，或者是把勞動密集型產品的某些生產階段轉移到勞動力成本較低的國家或地區進行。

垂直型跨國公司在總部和海外工廠之間實行縱向分工，設在母國的總部和工廠從事產業鏈中關鍵的產業環節，一般是知識密集型產品的生產活動；海外子公司則往往從事產業鏈中增值相對較低的勞動密集型和資本密集型產品的生產活動。這種縱向分工是發達國家跨國公司對發展中東道國傳統的直接投資方式。

當母國與東道國的要素稟賦存在一定差距時，處於某一生產階段的子公司會從母公司或其他子公司輸入零部件或中間產品，加工後再輸往母公司或其他子公司，由此產生「垂直貿易」。有的學者認為這種垂直貿易應該算作產業間貿易，但在各國的統計上，零部件、中間產品及加工產品常被視為同組商品，因而將垂直貿易稱為產業內貿易。由此可見，跨國公司的垂直型內部貿易是產業內貿易的重要來源之一，使無論是投資國還是東道國的產業內貿易都得到了極大的提高，而且隨著跨國公司數量的增加，產業內貿易額也會增加。但這種產業內貿易的增加對投資國與東道國的對外貿易競爭力的影響是不同的。對母國來說，當其進行垂直型對外直接投資時，為了保持母國對東道國的技術優勢，母國會利用其有利經濟條件，包括豐富的人力資本、大量的研究機構以及研究與開發投資等，提高母國的技術水平和生產效率。因此，一國的垂直型對外直接投資越多，產業內貿易額就越大，所體現出來的對外貿易競爭力就越大。而對東道國而言，雖然吸引垂直型直接投資可以增加產業內貿易，從而獲得更多的貿易利益，從短期來說對一國外貿競爭力具有促進作用，但從發展的角度分析，發展中國家總是接受前一輪被淘汰的技術，在技術發展上始終處於相對劣勢的地位，對發展中國家產業結構升級的促進作用不大，因而這種產業內貿易的擴大並不能代表產業真正的技術水平和競爭力的提高。

垂直型對外直接投資使得全球生產的專業化分工與協作程度大大提高，各個生產經營環節緊密相扣，便於公司按照全球戰略發揮各個子公司的優勢。而且，專業化分工使得每個子公司只負責生產一種或少數幾種零部件，有利於實現標準化、大規模生產，獲得規模經濟效益。垂直型對外直接投資與出口主要體現為互補關係。垂直型對外直接投資可能導致較高水平的原材料貿易和仲介投入，這對產品出口具有較強的促進作用。

（3）非關聯型直接投資

非關聯型直接投資是指，母公司在東道國建立與國內生產和經營方向完全不同、生產不同產品的子公司。這種投資基本上屬於母公司新開拓的經營領域，雖然有一定的風險性，但是有實力的大型跨國公司往往將其作為多元化經營的一種模式而加以採

用，以達到分散投資風險的目的。

2.1.3 國際直接投資的特點與趨勢

(1) 國際直接投資總量和主體持續增長

在過去的 30 年裡，世界經濟中的國際直接投資的流量和存量都呈現急遽增長的趨勢，且增長速度超過了世界貿易和產出。這一現象的出現主要有三個原因：第一，儘管 30 年來貿易壁壘在總體上呈下降態勢，但是企業界依然對保護主義者施加的壓力感到擔憂。企業管理層把國際直接投資視為迴避貿易壁壘的方法。第二，近年來，許多發展中國家的政治和經濟變革對國際直接投資的增長起到了重要的促進作用。第三，世界經濟全球化也對國際直接投資的數額具有積極影響。許多企業現在深信，在靠近主要客戶的地方建造生產設施十分重要。

(2) 國際直接投資市場以發達國家為主且主要在發達國家之間雙向流動

國際直接投資較間接投資的風險更大，因此投資者追求盈利外還尋求安全性。相對而言，發達國家的投資環境要優於發展中國家，投資者自然而然地就將發達國家作為國際直接投資的主要市場。

2015 年，全球外國直接投資 (FDI) 達 1.76 萬億美元，跨國併購金額從 2004 年的 4,320 億美元猛增至 2015 年的 7,210 億美元，成為全球 FDI 強勁反彈的主要動力。發達經濟體的對外投資增長了 33%，達到 1.1 萬億美元。儘管如此，其對外直接投資仍比 2007 年的峰值低 40%。主要發達區域的表現有所不同：歐洲對外投資增至 5,760 億美元，成為全球最大的對外投資地區。

(3) 發展中經濟體和轉型經濟體正發展成為國際直接投資的來源地

來自發展中經濟體和轉型經濟體的企業，在國際上享有越來越重要的地位，它們通過對外直接投資，為母公司提供了新的發展機會。另外，來自發展中經濟體和轉型經濟體對外直接投資的增長促進了大規模的南南直接投資流量，從而促進了南南國家在投資領域內的交流與合作。2010—2015 年全球對外直接投資流入量和流入區域對比分別如圖 2-1 和圖 2-2 所示。

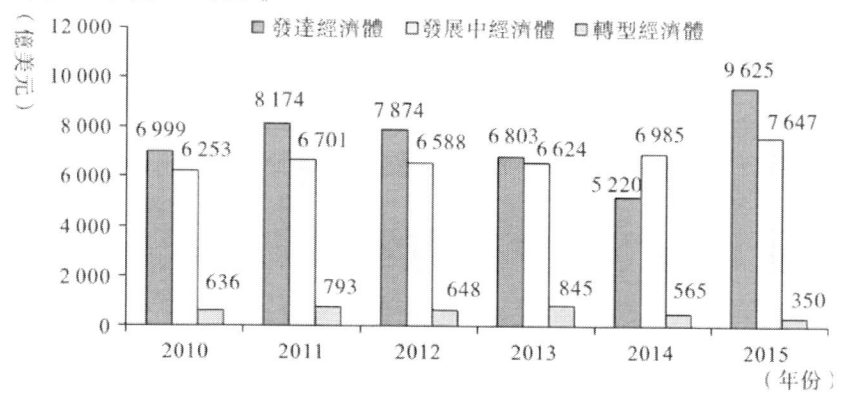

圖 2-1 2010—2015 年全球對外直接投資流入量對比

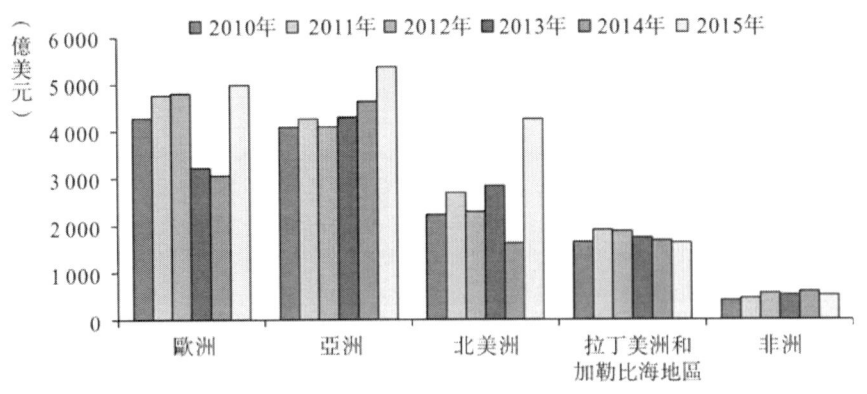

圖 2-2　2010—2015 年全球對外直接投資流入區域對比

（4）國際直接投資主要流向高新技術產業部門和服務行業

第二次世界大戰前，國際直接投資主要集中在採掘業和初級產品加工業。第二次世界大戰後，隨著發展中國家石油、礦產資源的國有化和民族經濟的發展，外國壟斷資本對採掘業投資的比重逐漸下降，對製造業部門投資的比重明顯上升。而占國際投資絕大部分的發達國家的產業結構不斷升級，外國直接投資的重點行業從傳統的製造業逐步轉向高新技術產業。另外，第三產業中的一些行業，如金融、保險、不動產等行業也成為國際直接投資的熱點。國際直接投資流向服務業主要有四個原因：第一，這種轉變反應了許多發達國家從製造業向服務業轉變的總體趨勢；第二，許多服務方式無法參與國際貿易，而國際直接投資是向國外市場提供服務的主要方法；第三，許多國家放寬了對服務業的國際直接投資的管制措施；第四，全球互聯網的迅速發展使得一些服務業企業能夠將其創造價值的工作安排在不同的國家進行，以降低要素成本。

2015 年，全球對外直接投資流入的行業結構變化顯著，如圖 2-3 和圖 2-4 所示。64%的全球對外直接投資流向了服務業，帶動產業效率的大幅提高，有利於深化國際分工，加劇行業競爭進而促進資源的優化配置；27%的全球對外直接投資流向了製造業，這是由於制藥等行業出現一些大規模交易，占當年全球跨國併購總金額的比重提高了50%以上，促使製造業流入量上升；7%的全球對外直接投資流入了第一產業，這是因為，受到 2014 年以來初級商品價格大幅下跌的影響，原材料、能源行業的跨國企業大幅削減資本開支，縮緊海外再投資，導致全球對第一產業的投資流入量下滑。

（5）國際投資政策向自由化與便利化方向發展

2006—2015 年，各國出抬的對外投資政策，在數量上有所變化，如表 2-1 所示。2015 年，共有 46 個國家出抬了 96 項涉外商投資政策方面的法律法規：自由化與便利化政策數量 71 項，相比 2014 年增長了 51%；13 項政策涉及對外資的限制或監管，比 2014 年增加了 4 項，但低於 2006—2013 年出抬的限制政策數量的總和；12 項為中性政策。可以看出，出抬的 85%的政策措施旨在擴大開放、促進投資，其比例高於過去 10 年的平均水平。

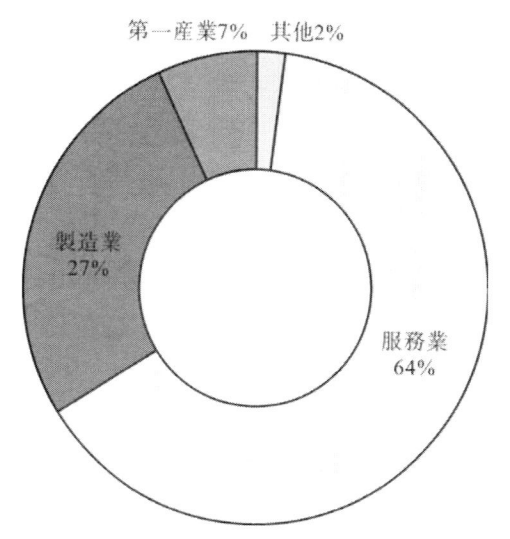

圖 2-3　全球對外直接投資流入行業分佈

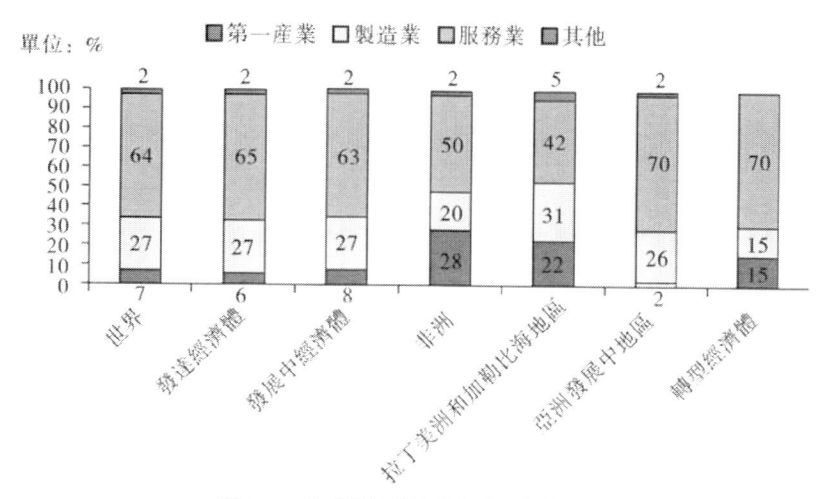

圖 2-4　全球對外直接投資流入行業分佈

表 2-1　　　　　　　　2006—2015 年全球投資政策數量變化　　　　　　單位：項

	2010 年	2011 年	2012 年	2013 年	2014 年	2015 年
出抬政策的國家數量	55	49	54	59	37	46
法律法規變化的總數	121	80	86	87	63	96
自由化與便利化政策數量	80	59	61	61	47	71
限制性政策數量	37	20	20	23	9	13
中性政策數量	4	1	5	3	7	12

2.2 國際直接投資理論

2.2.1 壟斷優勢理論

壟斷優勢理論，又稱特定優勢理論，是由美國學者海默（S. Hymer）於1960年在其博士論文《國內企業的跨國經營：對外直接投資的研究》中提出的。海默的導師金德爾伯格在後來的著述中對海默的理論進行了闡述和補充，使之成為系統、獨立的研究跨國公司與對外直接投資最早和最有影響力的理論。海默指出，在陌生的客地環境中，跨國投資企業在先天不利的條件下（支付額外的學習成本），能戰勝土生土長的本地企業，是因為其具有某種壟斷優勢。

第一，來自產品市場不完全的優勢：利用知識優勢所形成的產品質量性能、品牌包裝、外觀設計、價格、廣告宣傳、行銷技能等優勢。

第二，來自生產要素市場不完全的優勢：資金實力和融資能力、擁有的專利和技術秘訣、管理經驗及組織技能。

第三，來自規模經濟的優勢：企業生產能力強、市場面廣、專業化水平和聯合化水平高。

壟斷優勢理論突破了傳統的國際資本流動理論（傳統的理論主要研究間接投資），提出了直接投資與間接投資的區別。海默主張從不完全競爭市場出發來研究對外直接投資理論，開拓了新思路。他最大的貢獻就是將研究從流通領域轉入生產領域，擺脫了新古典貿易和金融理論的思想束縛。

壟斷優勢理論只是經驗分析，缺乏動態和實證分析。雖然它對美國跨國公司對外直接投資的動因有很好的解釋力，但卻無法解釋20世紀60年代後期日益增多的發展中國家跨國公司的對外直接投資，因為發展中國家的企業並不比發達國家擁有更強的壟斷優勢。並且它無法解釋跨國投資區位選擇的因素。

2.2.2 產品生命週期理論

弗農認為，產品在市場上呈現週期性特徵，大致要經過導入期、成長期、成熟期和衰退期四個階段。而這個週期在不同技術水平的國家發生的時間和過程是不一樣的，期間存在一個較大的差距和時差。這一時差表現為不同國家在技術上的差距，反應了同一產品在不同國家市場上競爭地位的差異，從而決定了國際貿易和國際投資的變化。

根據產品生命週期理論，國際直接投資的產生是產品生命週期四個階段更迭的必然結果。假設世界上存在三種類型的國家，第一類是新產品的創新國，通常指發達國家，如美國；第二類是較發達的國家，如日本等國；第三類是發展中國家。該理論認為，新產品依次經歷四個階段，其生產也將在三種國家之間轉移。

在產品導入期，新產品在發達國家的創新企業產生，並逐漸進入大規模生產。這一時期的產品主要滿足本國市場的需求，銷售量不斷上升，只有少量的產品出口到較

發達國家。此時，創新產業由於擁有壟斷技術，因此缺乏強有力的競爭對手，基本控制了市場份額，這對技術密集型的新產品在國內生產也更為有利。因此，在這一階段，生產未發生轉移，國際直接投資也未發生。

從第二階段產品的成長期開始，出現了由寡占競爭引起的對外直接投資。創新企業為維持國外市場份額，以對外直接投資繞過貿易壁壘，在東道國設立子公司並在當地生產和銷售產品。由於技術壟斷局面被完全打破，創新企業也可能以許可證的方式獲取收益。

進入到產品成熟期，較發達國家越來越多地仿製發達國家的創新產品，而發展中國家還處於較發達國家前一階段發生的過程。這一階段，發達國家和較發達國家的廠商都開始向發展中國家進行直接投資。發展中國家由此獲得生產這種產品的能力，從而淨進口量開始減少。

到了產品週期的最後一個階段即產品衰退期，由於技術壟斷的優勢完全喪失，新產品的生產成為一種標準化生產，勞動成本成為競爭的關鍵。於是，生產完全轉移到勞動力資源豐富的發展中國家，發達國家和較發達國家將從發展中國家進口產品從而滿足其需求。

2.2.3 內部化理論

內部化理論是西方學者在建立所謂跨國公司「通論」的過程中形成的理論觀點。所謂內部化，是指把市場建立在企業內部的過程，即以內部市場取代原來固定的外部市場，企業內部的轉移價格起著潤滑內部市場的作用，使之與固定的外部市場同樣有效地發揮作用。

內部化理論從外部市場不完全與企業內部資源配置的關係來說明對外直接投資的動因。該理論的出發點是市場不完全，認為市場不完全不僅在最終產品市場上存在，而且在中間產品市場上也同樣存在。這裡的中間產品除了通常意義上的原材料和零部件外，更重要的是指專有技術、專利、管理和銷售技術等「知識中間產品」。這些與知識有關的中間產品由於市場不完全，存在定價困難，從而使交易成本增加，當交易成本過高時，企業傾向於通過對外直接投資開闢內部市場，將原本通過外部市場進行的交易轉化為內部所屬企業間的交易以降低交易成本。

根據內部化理論，企業通過對外直接投資形成內部市場，在全球範圍內組織生產與協調分工，以避免外部市場不完全對其經營產生的影響。同時，在「知識產品」的研發與獲得越來越昂貴、知識產權的保護越來越困難的情況下，企業內部交易可以有效地防止技術迅速擴散，保護企業的知識財富。而且，在不確定性不斷增加的市場環境下，內部交易使企業能夠根據自己的需要進行內部資金、產品和生產要素的調撥，從而保證效益最優化。內部化理論還分析了影響中間產品內部化的四個主要因素：①行業因素，主要包括中間產品的特性、外部市場結構、企業的規模經濟特徵以及行業特點；②區位因素，主要是指有關區域內社會文化差異、綜合投資環境以及自然地理特徵等；③國別因素，主要是指有關國家的政治體制、法律架構與財政經濟狀況等；④企業因素，主要是指企業的競爭優勢與劣勢、組織結構、管理水平、生產和銷售技

術以及企業文化等。

內部化理論從內部市場形成的角度闡述對外直接投資理論,對跨國公司的內在形成機理具有比較普遍的解釋力。與其他對外直接投資理論相比,內部化理論適用於不同發展水平的國家,包括發達國家和落後國家,因而在跨國公司理論研究具有相當於「通論」和「一般理論」的地位,大大推進了對外直接投資理論的發展。更重要的是,該理論強調了知識產品內部一體化市場的形成,更加符合當今國際生產的現實狀況。但該理論過分注重企業經營決策的內部因素,忽略了對影響企業運作的各種外部因素的分析,對跨國公司的國際分工和生產缺乏總體認識,對跨國投資區位選擇的宏觀原因也缺乏解釋。

2.2.4 邊際擴張理論

20世紀60年代,隨著日本經濟的高速發展,其國際地位也日益提高,與美國、西歐共同構成國際直接投資的「大三角」格局。然而,日本對外直接投資較歐美國家還有很多不同之處。對此,日本學者小島清教授根據日本國情,結合本國特色發展了國際直接投資理論。1978年,小島清在其代表作《對外直接投資》一書中系統地闡述了他的對外直接投資理論——邊際產業擴張理論。

小島清認為,各國的經濟條件不同,因此依據美國跨國公司對外直接投資狀況研究出來的理論無法解釋日本跨國公司的對外直接投資行為。他認為,具有壟斷優勢的美國公司通過在海外設立子公司而把生產基地轉移到國外,減少了母公司的出口,對本國經濟產生了不利影響,違背了比較優勢,因此屬於「貿易替代型」對外直接投資。而日本跨國公司的對外直接投資大多集中於那些已失去或即將失去比較優勢的傳統工業部門,屬於「貿易創造型」投資。這些傳統行業很容易在海外找到生產要素和技術水平相適應的投資地點,獲得的收益遠遠高於在國內的投資,而且東道國又因外來投資項目的收益增加了收入,又促進了東道國購買投資國的產品,也就是創造出了新的貿易。

小島清進一步分析了美國模式與日本模式對外直接投資的不同:第一,美國企業的對外直接投資是從本國具有比較優勢的行業開始的,其目的在於壟斷東道國當地市場,不利於東道國經濟發展;而日本企業對外直接投資則是從不具有比較優勢的所謂「邊際產業」開始的,有利於東道國建立具有比較優勢的產業,並推動東道國經濟發展。第二,日本的中小企業雖然不具備壟斷優勢,但它們擁有的實用技術在東道國當地具有較強的吸納性,有利於東道國建立比較優勢產業,增加就業和出口,促進東道國經濟發展。

歸納起來,邊際擴張理論的核心內容是:第一,對外直接投資應該從本國已處於或即將處於比較劣勢的產業即邊際產業開始,並依次進行;第二,企業和東道國的技術差距越小越好,這樣有利於當地比較優勢產業的建立,兩國可以在對外直接投資及其引致的貿易中互補。

小島清摒棄了「市場不完全競爭」的觀點,提出了從投資國的具體情況出發,據以制定切實可行的對外投資策略。不同於「壟斷優勢」理論,邊際擴張理論強調了比

較優勢的原則，繼續維護傳統的國際分工原理。

該理論解釋了20世紀六七十年代日本的對外直接投資的特點，即以資源導向型、勞動力成本導向型和市場導向型直接投資占主導。該理論也說明了在亞洲出現的以日本、「亞洲四小龍」、東盟、中國、越南等為順序的直接投資與產業結構調整，即所謂的「雁行模式」。

但小島清的分析僅以投資國為主體，而不是以企業為主進行研究，也就是假定投資過的所有企業的投資動機都是一樣的。這種假定並不符合現實情況，並且無法解釋發展中國家對發達國家進行投資的現象。

2.2.5 國際生產折衷理論

國際生產折衷論，又稱國際生產綜合理論，是由英國瑞丁大學教授鄧寧於1977年在《貿易，經濟活動的區位和跨國企業：折衷理論方法探索》一書中提出的。鄧寧認為，過去的各種對外直接投資理論都只是從某個角度進行片面地解釋，未能綜合、全面地分析，因此需要用一種折衷理論將有關理論綜合起來解釋企業對外直接投資的動機。

國際生產折衷理論的核心是，企業跨國經營是企業具有的所有權特定優勢、內部化優勢和區位優勢這三種優勢綜合作用的結果。

（1）所有權特定優勢（Ownership Specific Advantage）

所有權特定優勢，又稱壟斷優勢，是指企業所獨有的優勢。所有權特定優勢具體包括：

①資產性所有權優勢。資產性所有權優勢是指企業在有形資產與無形資產上的優勢，前者指企業對生產設備、廠房、資金、能源及原材料等的壟斷優勢，後者指企業在專利、專有技術、商標與商譽、技術開發創新能力、管理以及行銷技術等方面的優勢。

②交易性所有權優勢。交易性所有權優勢是指企業在全球範圍內跨國經營，合理調配各種資源，規避各種風險，從而全面降低企業的交易成本所獲得的優勢。

鄧寧認為，企業開展對外直接投資必然具備上述所有權特定優勢，但具有這些優勢並不一定會導致企業進行對外直接投資。當企業僅具有所有權特定優勢而不具備內部化優勢和區位優勢時，國內生產出口銷售或許也是企業實現其優勢的可行途徑。

（2）內部化優勢（Internalization Advantage）

內部化優勢是指擁有所有權特定優勢的企業，為了避免外部市場不完全對企業利益的影響而將企業優勢保持在企業內部的能力。內部交易比非股權交易更節省交易成本，尤其是對於那些價值難以確定的中間產品（如專利、專有技術等），而且內部化將交易活動的所有環節都納入企業統一管理，使企業的生產銷售和資源配置趨於穩定，企業的所有權特定優勢得以充分發揮。但內部化優勢也只是對外直接投資的必要條件，而不是充分條件，同時具有所有權特定優勢和內部化優勢的企業也不一定會選擇進行對外直接投資，因為它也可以在國內擴大生產規模再進行出口。

（3）區位優勢（Location Advantage）

區位優勢是指某一國外市場相對於企業母國市場在市場環境方面對企業生產經營的有利程度，也就是東道國的投資環境因素上具有的優勢條件。如果某一國外市場相對於企業母國市場特別有利於企業的生產經營，那麼這一市場就會對企業的跨國經營產生非常大的吸引力。

表 2-2　　　　　　　　　　　企業不同經營方式的優勢比較

方式	所有權特定優勢	內部化優勢	區位優勢
對外直接投資（投資式）	√	√	√
出口（貿易式）	√	√	×
無形資產轉讓（契約式）	√	×	×

國際生產折衷理論在理論淵源上融合了以往各種學說的精華，並加以歸納與總結，使理論更加豐富，較以往的各種理論更全面地解釋了企業國際經營的動因，從而形成了一個具有普遍性的理論體系。但是，該理論的不足之處在於過於注重對企業內部要素的研究，忽略了企業所處的特定社會政治、經濟條件對企業經營決策的影響。

2.3　跨國公司概述

2.3.1　跨國公司的界定

（1）跨國公司的定義

跨國公司，又稱多國公司、國際公司、超國家公司，是指發達資本主義國家的壟斷企業，以本國為基地，通過對外直接投資在世界各地設立分支機構或子公司，從事國際化生產和經營活動。按所有權標準對跨國公司的界定是以所有權的法律基礎來限定跨國公司的屬性，而按經營管理特徵對跨國公司的界定則是從企業具體的經營理念和經營行為來判定和劃分跨國公司的標準。

（2）跨國公司的特徵

跨國公司的特徵主要包括以下五個方面：

①一般都有一個國家實力雄厚的大型公司為主體，通過對外直接投資或收購當地企業的方式，在許多國家建立子公司或分公司。

②一般都有一個完整的決策體系和最高的決策中心，各子公司或分公司雖然都有各自的決策機構，可以根據自己經營的領域和不同特點進行決策活動，但是其決策必須服從於最高決策中心。

③一般都從全球戰略出發安排自己的經營活動，在世界範圍內尋求市場和合理的生產佈局，定點佈局專業生產，定點銷售產品，以謀取最大的利潤。

④一般都擁有強大的經濟和技術實力、快速的信息傳遞方式以及資金快速跨國轉

移等方面的優勢，在國際上有較強的競爭力。

⑤許多大的跨國公司，由於在某些產品生產上的經濟、技術實力優勢，對某些產品或在某些地區，有不同程度的壟斷性。

2.3.2 跨國公司的主要類型

按照不同的分析角度和劃分標準，對跨國公司可以有不同的分類。

（1）按經營項目分類

①資源開發型跨國公司。資源開發型跨國公司以獲得母國短缺的各種資源和原材料為目的，對外直接投資主要涉及種植業、採礦業、石油業和鐵路等領域。這類公司是跨國公司早期發展時經常採用的形式。目前，資源開發型跨國公司仍集中於採礦業和石油開採業。

②加工製造型跨國公司。加工製造型跨國公司主要從事機器設備製造和零部件中間產品的加工業務，以鞏固和擴大市場份額為主要目的。這類公司以生產加工為主，進口大量原料生產各種消費品以供應東道國或附近市場，或者對原材料進行加工之後再出口。這類公司主要生產和經營金屬製品、鋼材、機械及運輸設備等產品，隨著當地工業化程度的提高，其經營逐步進入資本貨物部門和中間產品部門。

③服務提供型跨國公司。服務提供型跨國公司主要是指向國際市場提供技術、管理、信息、諮詢、法律服務以及行銷技能等無形資產的公司。這類公司主要包括跨國銀行、保險公司、諮詢公司、律師事務所以及註冊會計師事務所。20世紀80年代以來，隨著服務業的迅猛發展，服務業已逐漸成為當今最大的產業部門。

（2）按經營結構分類

①橫向型跨國公司。橫向型跨國公司是指母公司和各分支機構從事同一種產品的生產和經營活動的公司。在公司內部，母公司和各分支機構之間在生產經營上的專業化分工程度很低，生產製造工藝過程基本相同。這類跨國公司的特點是母子公司之間在公司內部相互轉移生產技術、行銷訣竅、商標、專利等無形資產，有利於增強各自的競爭優勢與公司的整體優勢，減少交易成本。

②垂直型跨國公司。垂直型跨國公司是指母公司和各分支機構之間實行縱向一體化專業化分工的公司。縱向一體化專業分工又有兩種具體形式：一是母子公司生產和經營不同行業的相互關聯產品；二是母子公司生產和經營同行業不同加工程序和工藝階段的產品。垂直型跨國公司把具有前後銜接關係的社會生產活動國際化，母子公司之間的生產經營活動具有顯著的投入-產出關係。這類公司的特點是全球生產的專業化分工與協作程度高、各個生產經營環節緊密相扣，便於公司按照全球戰略發揮各子公司的優勢。此外，專業化分工使得每個子公司只負責生產一種或少數幾種零部件，有利於實現標準化、大規模生產，獲得規模效益。

③混合型跨國公司。混合型跨國公司是指母公司和各分支機構生產和經營互不關聯產品的公司，是企業在世界範圍內實行多樣化經營的結果。混合型跨國公司將沒有聯繫的各種產品及其相關行業組合起來，加強了生產與資本的集中，規模經濟效果明顯；同時，跨行業非相關產品的多樣化經營能有效地分散經營風險。但是，由於經營

多種業務，業務的複雜性會給企業管理帶來不利影響，因此具有競爭優勢的跨國公司並不是向不同行業盲目擴展業務，而是傾向於圍繞加強核心業務或產品的競爭優勢開展國際多樣化經營活動。

（3）按決策行為分類

①民族中心型公司。該類公司的決策哲學是以本民族為中心，其決策行為主要體現母國與母公司的利益。公司的管理決策高度集中於母公司，對海外子公司採取集權管理體制。這種管理體制強調公司整體目標的一致性，優點是能充分發揮母公司的重心調整功能，更優化地使用資源，缺點是不利於發揮子公司的自主性與積極性，且東道國往往不太歡迎此模式。跨國公司發展初期一般採用這種傳統的管理體制。

②多元中心型公司。該類公司的決策哲學是多元與多中心，其決策行為傾向於體現眾多東道國與海外子公司的利益，母公司允許子公司根據自己所在國的具體情況獨立地確定經營目標與長期發展戰略。公司的管理權力較為分散，母公司對子公司採取分權式管理體制。這種管理體制強調的是管理的靈活性與適應性，有利於充分發揮各子公司的積極性和責任感，且比較受東道國的歡迎。但這種管理體制的不足之處在於，母公司難以統一調配資源，而且各子公司除了自謀發展外，完全失去了利用公司內部網路發展的機會，局限性很大。經過多年的累積和發展，大多數跨國公司的管理體制已逐漸從集權型和民族中心型轉變為多元中心型。

③全球中心型公司。該類公司既不以母公司也不以分公司為中心，其決策哲學是公司的全球利益最大化。相應地，公司採取集權與分權相結合的管理體制。這種管理體制吸取了集權與分權兩種管理體制的優點，事關全局的重大決策權和管理權集中在母公司的管理機構，但海外子公司可以在母公司的總體經營戰略範圍內自行制定具體的實施計劃、調配和使用資源，有較大的經營自主權。這種管理體制的優點是在維護公司全球經營目標的前提下，各子公司在限定範圍內有一定的自主權，有利於調動子公司的經營主動性與積極性。

2.4　企業對外直接投資的戰略決策

2.4.1　對外直接投資的選址決策

一般而言，跨國公司對外直接投資區位決策的形成，主要考察四項內容：一是東道國的外國直接投資（FDI）政策框架；二是商業便利化措施；三是經濟決定因素；四是東道國參與國際政策框架。

跨國公司在對外直接投資選址時一般會考慮如下因素：

（1）市場因素

市場因素，即市場規模、市場增長潛力、市場格局是否有利於本公司的發展以及市場內顧客的類型是否是本公司的目標顧客群體。跨國公司對外直接投資需要通過進入國外新市場以增加現有的市場份額，從而提高或保持競爭優勢。因此，東道國的市

場規模對 FDI 的區位決策具有重要影響。大市場能容納較多的國內和國外公司，而且能幫助企業生產可貿易產品以獲得規模經濟和範圍經濟。傳統上，市場規模和增長作為 FDI 的決定因素與製造業的國內市場有關。這些市場由於高關稅或配額限制而免受國際競爭，從而引發了繞開關稅壁壘的 FDI。國內市場對許多服務業跨國公司也很重要，但是因為大多數服務業是非貿易性的，因而進入國外市場的唯一方式就是在國外建立子公司。

（2）自然資源

歷史上，決定 FDI 區位選擇的最重要的東道國因素是自然資源的可獲得性。20 世紀六七十年代以來，自然資源作為 FDI 的決定因素的重要性相對下降，主要是因為初級產品在世界產出中的重要性下降。雖然自然資源的重要性相對下降，但它仍是 FDI 的一種決定因素，並且繼續為資源豐富的國家吸引投資提供重要的可能性。

（3）創造性資產

在經濟全球化背景下，跨國公司在增強競爭力的 FDI 時，不僅追求成本的降低和市場份額的擴大，而且還希望獲取技術和創新能力。20 世紀後期以來，隨著全球經濟競爭的加劇，跨國公司日益注重其核心競爭力的培養、維持和動態發展。因此，作為競爭優勢的最重要的工具之一，技術和持續創新的能力已經成為跨國公司想要在東道國獲得的關鍵性的創造性資產。

創造性資產可以是金融資產存量、通信設施以及銷售網路等有形資產，也可以是商標、商譽、技術、管理和學習才能、關係等無形資產。

（4）宏觀經濟政策

宏觀經濟政策主要是貨幣政策和財政政策，包括那些影響稅收和匯率的政策。

①貨幣政策和財政政策決定經濟穩定性的參數，如通貨膨脹、外部平衡和預算平衡，從而影響各類投資。由於貨幣政策和財政政策決定東道國的利率，從而決定東道國的資本成分，因此它們是直接影響跨國公司投資決策的決定因素之一。

②財政政策也決定一般的稅率水平，包括公司稅率和個人稅率，從而影響 FDI 的流入。在其他條件相同的情況下，公司稅率低的國家有更多的機會吸引 FDI。個人稅率則影響經理們對公司總部所在地點的選擇和對外國職員的聘用。

③匯率政策與經濟的穩定性有關，並通過影響東道國的資產價格、轉移利潤的價值、外國子公司的出口競爭力而影響 FDI 決策。

（5）集聚經濟因素

集聚經濟是指一種空間上的外部規模經濟。跨國公司的區位定位必須使其能夠發揮其內部技術經濟規模效益，這就要以周圍眾多的與之相聯繫的企業的存在為前提條件，這些企業為其提供各種要素投入、公共設施、交通運輸、產業服務等。也就是說，區位定位，必須要有眾多企業在佈局空間範圍的聚集，既為其提供業務活動的便利性，又有大量高質量的本地配套企業為其提供各種配套服務。

（6）政府決策

東道國的 FDI 政策框架是影響跨國公司區位決策的重要因素之一。一般而言，東道國 FDI 的核心政策由以下三方面組成：約束外國投資者進入和經營的規則和法規、

給予外國投資者的待遇標準以及它們在其中運作的市場的功能。FDI政策經營與影響投資者決策的其他政策同時使用。

①私有化政策。私有化政策涉及向國家購買企業，這是併購的一種特例。私有化包括兩個方面：FDI政策與競爭政策。如果私有化歡迎外國投資者，跨國公司在進行區位決策時就會將東道國的區位私有化政策置於重要地位。在自然壟斷或接近自然壟斷的行業中，如果實行私有化的公司被出售給國內或國外的投資者，這僅僅意味著壟斷從國家轉到私人機構手中，這時競爭政策就變得至關重要。

②自由化政策。20世紀80年代中期以來，FDI框架的自由化已經成為FDI政策變化的主流。FDI政策自由化是包括以下內容的動態過程：減輕或取消專門針對外國投資者的限制（如進入壁壘和經營壁壘）；加強對外國投資者的某些積極的待遇標準（如國民待遇、最惠國待遇等）；加強市場監管以確保市場的正常運轉（如競爭規則、信息披露和審慎監管）。

此外，地緣經濟優勢也是不可或缺的一部分。所謂地緣經濟優勢，即通過對周邊國家的投資，充分利用地緣經濟優勢。這不僅能降低經營風險、節約投資資本，而且可以促進雙邊經貿關係的發展，無論從經濟還是政治上都可以實現「雙贏」。

2.4.2 國際協定對FDI區位決定的影響

在各國努力吸引FDI和影響FDI質量的過程中，旨在解決具有廣泛爭議的國際協定開始不斷湧現。備選東道國是否加入或簽訂這些協定，可能成為跨國公司FDI區位決策的考量因素之一。

（1）雙邊投資協定

為了促進協定雙方之間的投資，發達國家與發展中國家之間開始簽訂雙邊投資協定。隨後，發達國家之間、發達國家與轉型國家之間、發展中國家與轉型國家之間、發展中國家之間也簽訂了越來越多的雙邊投資協定。

通過提高雙方貿易保護的標準和外國投資者的待遇以及建立爭端解決機制，雙邊投資協定對東道國的FDI政策框架產生了一定的影響。在此意義上，雙邊投資協定有助於減少跨國公司的投資風險，因此，雙邊投資協定可能影響跨國公司的FDI區位決策。

但是，雙邊投資協定並沒有改變FDI區位選擇的經濟決定因素，也很少規定政府應採取積極的投資促進措施。因此，跨國公司很少將備選東道國簽訂與其FDI政策框架有關的雙邊投資協定作為FDI區位決策的決定性因素。雙邊投資協定在影響FDI流量和解釋不同國家之間FDI規模的差異時，至多起著不重要和次要的作用。

有關證據表明，外國投資者鼓勵母國政府與他們投資的東道國簽訂雙邊投資協定。而且雙邊投資協定作為中小企業的小型項目的保護手段可能是很重要的。

（2）區域一體化框架

區域一體化框架（RIF）對跨國公司FDI區位決策的影響取決於多種因素。一體化的範圍和深度決定了政策協調的程度，並隨一體化類型的不同而變化。一種極端的情況是初級的RIF，即僅在成員國之間進行關稅減讓而對非成員國徵收統一的對外關稅，

對跨國公司 FDI 區位決策的影響是通過對競爭者的貿易或戰略反應（靜態效應）和增長（動態效應）來實現的。允許資本（包括 FDI）流動的較深層次的 RIF 對跨國公司投資決策的影響超過了單純的貿易自由化或經濟增長所導致的影響，允許勞動力和資本自由流動的 RIF 也會影響 FDI 的區位決策。如果跨國公司國際直接投資所尋求的資源是非熟練勞動力，這種 RIF 也許會減少對資源尋求型 FDI 的需要；如果國際直接投資所尋求的資源是熟練勞動力，它也許會減少對戰略資產尋求型 FDI 的需要。

一般而言，當一個地區的一體化程度由於區域一體化框架而提高時，RIF 對跨國公司 FDI 區位決策的影響可以通過更多的渠道起作用。此外，當區域內的 FDI 管制框架越來越協調時，跨國公司在決定其投資區位時會更加注重經濟因素。商業便利化措施的重要性也凸現出來，不過其重要程度要低一些。RIF 的可靠性，即 RIF 條款能在多大程度上得到實際履行是決定 RIF 影響 FDI 區位決策的另一個因素。還有一個因素是成員國以前的相互依存度，如貿易和 FDI 壁壘水平，對於那些已經建立了密切聯繫的國家，RIF 對 FDI 區位決策的主要影響取決於它如何消除各國國內政策方面的分歧，就這一點而言，RIF 也能對東道國有關 FDI 的政策框架產生直接的影響。

綜上所述，即便 RIF 對整個地區的 FDI 區位決策具有積極的影響，但並非所有成員國都能獲得同樣的好處。對一些國家而言，RIF 的成員國地位能加強其區位優勢；對一些小國而言，其國內市場規模不再是阻礙市場尋求新的外國投資者進入的因素，因為它們已經獲得進入地區市場的途徑，而不僅限於東道國市場。同樣，大國國內市場的規模也不再那麼有吸引力了，其作為東道國談判籌碼的作用也不如以前。於是，單個成員國所持有的經濟因素或者當地商業便利化措施變得愈加重要。

(3) 多邊投資框架

多邊投資框架也許會影響商業便利化措施的某些方面，也許不會引起 FDI 的主要經濟決定因素的直接和明顯變化。事實上，通過使各國的 FDI 政策盡可能趨於一致，多邊投資框架會使經濟決定因素（和商業便利化措施）在決定 FDI 流量方面的重要性凸現出來。多邊投資框架將改善使 FDI 得以進行的環境，在某種程度上，它將給投資者提供安全性更好、穩定性更強、透明度更高的投資環境。這些又可能刺激更多的 FDI 流動及其重新分佈，特別是刺激 FDI 流向那些投資環境對多邊投資框架做出反應的國家。不過，由於多邊投資框架僅僅是個設想而不是事實，其對現實的 FDI 流動的數量、質量和格局產生的影響程度是難以預料的，因為這不像雙邊投資協定那樣，一個能動的框架政策的作用就能夠使得其他決定因素，特別是經濟決定因素顯示其影響。

2.4.3 對外直接投資的時機決策

跨國公司的投資時機決策通常包括兩個方面：一是企業何時開始投資；二是企業從準備投資開始直到最後產品上市各階段的時間安排。

弗農提出的產品生命週期理論既從技術壟斷的角度解釋了國際直接投資的原因，也為企業確定對外投資時間提供了參考。該理論認為，企業對外投資的最佳時機應在其產品的成熟階段（以保住和擴大市場為主要目的）或標準化階段（以降低成本為主要目的）。

日本經濟學家小島清提出了邊際產業擴張理論，認為企業應在本公司所在行業處於邊際產業、相對東道國而言尚為優勢產業時開始投資並轉移到國外。

一旦企業找到了有吸引力的市場，它必須考慮進入時機問題。

(1) 第一進入者優勢

第一進入者優勢，也稱先入者優勢，是指先於競爭企業進入市場而獲得的各種優勢。第一進入者優勢主要包括：

①通過建立強大的品牌形象，搶先占領市場並阻止競爭對手進入。

②擴大市場銷量，實現經驗曲線，領先於競爭對手，獲得成本優勢並形成進入壁壘。這種成本優勢能使先入者把價格降低到後來者之下，從而把後來者驅逐出市場。

③先入者創造出轉換成本，從而把消費者牢牢地捆綁在它們所提供的產品和服務上。這樣的轉換成本使後來者很難贏得顧客。

(2) 第一進入者劣勢

在其他國際企業之前進入一個外國市場的做法也有其劣勢，這通常被稱為第一進入者劣勢，包括開拓成本。開拓成本是先入者必須承擔而後來者可以避免的成本。當外國的經營體制與企業的國內市場有很大不同時，企業必須花費更多的努力、時間和開支來學習這些遊戲規則，並由此產生開拓成本。先進入者劣勢主要包括：

①由於不瞭解外國環境而犯一些大的錯誤導致的經營失敗成本。作為外國企業，總有一些不利條件，尤其是當外國企業很早地進入一個國家的市場時，這種不利條件更為明顯。

②促銷和建立產品供給的成本，其中包括對消費者的培訓費用。當東道國消費者不熟悉企業的產品時，促銷成本更大。相反，後來者可以通過觀察先入者在市場中如何著手開展工作，從而避免犯錯，也可以通過開發由先入者對顧客培訓而創造的市場潛力等而省下許多先入者在學習和顧客培訓上的投資。

③規則的變化會降低先入者的投資價值。一旦規則發生變化，先入者的投資價值將會降低，並陷入比後來者更嚴峻的劣勢中。對於先入者而言，這在管理企業的實踐規則尚未定型的許多發展中國家進行投資是有重大風險的。

2.4.4 對外直接投資進入模式決策

2.4.4.1 進入外國市場的模式

(1) 出口

出口一般是以在國外設立出口機構或國際部的形式向外國的中間商出口商品，或與國外的零售商合作，甚至直接向用戶推銷，從而獲得第一手的市場信息和國際化經營的經驗，及時適應國外市場的變化，調整經營策略和經營方法。許多製造企業最初都是以出口方式開始其全球擴張的。

①優點。出口避免了在東道國進行製造經營活動所需的巨大成本。此外，出口可以幫助企業獲得經驗曲線以及區位經濟，通過在一個中心區域製造產品，然後把它出口到其他國家市場，企業可以從它的全球銷量中實現巨大的規模經濟。

②缺點。首先，如果國外有更低成本的地方可以生產產品，那麼從企業的母國出口就顯得很不划算。其次，高運輸費用和關稅壁壘會使出口不經濟。高運輸費對大宗商品出口尤其不利，解決這個問題的辦法之一就是在當地生產大宗商品。最後，當企業在其有業務的國家將行銷權和服務委託給另一家公司時，這家公司往往同時經銷競爭對手企業的產品，因此不可能完全忠誠。

（2）交鑰匙工程

交鑰匙工程（Turn-Key Project），是指承包商同意把工程所有的細節都移交給外國客戶，包括對經營人員的培訓。一旦合同期滿，外國客戶就得到了已經可以全面經營的工廠「鑰匙」，故而也稱為「交鑰匙」。

①優點。裝配和運行技術性的複雜流程的專有技術是一項重要的資產，交鑰匙工程是從這些資產中獲得巨大經濟回報的一種手段。這個戰略在對外直接投資受東道國管制時尤為有用，因為不通過這種形式，出售方就無法使它們有價值的專有技術在其他國家獲得一定的回報。

②缺點。採用交鑰匙工程的企業往往對外國缺乏長期的興趣，一旦所出口的工藝過程所生產的產品在這個國家最終被證明具有巨大的市場潛力，這個缺點就更明顯。解決方法之一就是對此項目擁有小部分股權。合作方可能會成為自己的競爭對手，如果企業的生產技術是一種競爭優勢來源，則通過交鑰匙工程出售技術就等於向潛在的或現實的競爭對手出售競爭優勢。

（3）技術授權

技術授權協議（Licensing Agreement），是指在協議中規定在某一特定時間內，許可方把無形資產授予另一個實體，反過來，許可方從接受方收取一定的許可使用費。

①優點。企業不必承擔開發一個外國市場所需的開發費用和風險。技術授權對那些缺乏資金去發展海外經營的企業十分有吸引力。當企業不願對一個不熟悉的或政局動盪的外國市場投入巨大的財務資源時，技術授權也相當吸引人。如果企業因為投資壁壘而不能進入一個外國市場，通常會採用技術授權方式。當一家企業擁有一些有商業應用價值的無形資產，而它自身又不想開發這些應用價值時，技術授權就常常被採用。

②缺點。技術授權不能使企業對製造、行銷以及為實現經驗曲線和區位經濟所必需的戰略實行嚴密的控制。它面臨著把技術訣竅授權給外國公司的風險。減少這種風險的一種方法是與一家外國企業簽訂交叉技術授權協議。在交叉技術授權協議下，一家企業可能把一些有價值的無形資產授權給一家外國合夥者，但是除了使用費外，企業還可能要求這個外國合夥者也把它的有價值的技術訣竅授權給自己。降低技術授權風險的另一個途徑是把技術授權協議與建立許可方與接受方都擁有重要股權的合資企業聯繫在一起。

（4）特許經營

特許經營（Franchising）從根本上講，是技術授權的一種特殊形式。在特許經營中，特許人不僅向被特許人出售無形資產（通常為商標），而且堅持要求被特許人同意遵守嚴格的有關如何經營企業的規則。特許人還將經常幫助被特許人經營業務以求得

不斷的發展。與技術授權一樣，特許人通常收取特許使用費，其數量等於被特許人收入的一定百分比。技術授權主要用於製造企業，而特許經營卻主要被服務企業所採用。

①優點。特許經營作為一種進入模式的優點與技術授權十分相似。企業可以免除許多自己開發外國市場所必須承擔的成本和風險。這對被特許人也具有極強的吸引力，能夠使它盡快建立起盈利性的經營活動。因此，運用特許經營的戰略，服務企業可以從相對低的成本和風險中很快地樹立起全球形象。

②缺點。特許經營可能會束縛企業從一個國家獲取利潤來支持其在另一個國家的競爭性活動的能力。此外，許可方可能缺乏對質量的控制，克服這個缺點的方法之一就是在企業擴張的每一個國家都建立分支機構。這個分支機構可以由公司全資擁有，也可以與外國公司合資經營。這個分支機構擁有在一個特定國家或地區建立特許經營店的權利與義務。另外，由於分支機構至少部分地由企業所擁有，企業可以把自己的管理人員派往分支機構，以保證其能很好地管理各個特許經營店。

(5) 合資企業

合資企業（Joint Venture），是指由兩個或兩個以上的獨立企業共同出資而成立的企業。

①優點。企業通過從當地合資者處獲得有關東道國競爭狀況、文化、語言、政治體制和經營體制等知識而受益。並且，企業可以通過與當地的合資夥伴分攤開發一個外國市場的成本和風險。在許多國家，出於政治上的考慮，合資企業往往是唯一可行的進入模式。

②缺點。和技術授權一樣，進行合資經營的企業將面臨技術控制權落入合夥人之手的風險。但是，企業可以通過簽訂合資企業合同使這種風險最小化。一種選擇是在合資企業中擁有多數股權，這可使主導方對技術行使更大的控制力。但問題在於很難找到一個願意接受少數股權的外國合資人。另一種選擇是避免合作夥伴接觸對本企業的核心能力至關重要的技術，而只與合作夥伴分享其他技術。此外，合資企業不能使企業為實現經驗曲線和區位經濟而給予其分支機構可能需要的嚴密控制，也不能使企業為對競爭進行協調性的全球進攻而給予外國的分支機構可能需要的嚴密控制。一旦投資企業各自的目標發生了變化或對應該實施的戰略有不同的看法時，這種共同擁有股權的安排往往會導致企業在控制權上的衝突和矛盾。

(6) 全資子公司

在一家全資子公司（Wholly-Owned Subsidiary）中，企業擁有100%的股權。要在一個外國市場建立一個全資子公司，企業可以在該國建立新的經營活動即創辦新企業，也可以併購現有的企業，利用這家企業推銷其活動。

①優點。當一家企業的競爭優勢建立在技術能力基礎上時，全資子公司往往是最合適的進入模式，因為它可以降低對這種能力失去控制的風險。如果企業想要實現區位經濟和經驗曲線經濟時，就必須設立全資子公司。

②缺點。設立全資子公司的企業必須承擔進行海外經營的全部成本和風險。如果企業併購一家東道國的現有企業，那麼它在全新的文化中的經營風險相對要小一些。

2.4.4.2 進入模式的選取

(1) 核心競爭力與進入模式

①技術訣竅。如果企業的核心競爭力建立在對特有的技術訣竅的控製的基礎上，那麼企業應盡可能地避免技術授權與合資經營模式以使對技術的失控降到最低限度。因此，企業極有可能採用全資子公司的模式。但是，這條規則也不是一成不變的。有時候，企業可以通過技術授權或構建合資來減少授權接受方或合作者盜用其技術訣竅的風險。另一種例外情況是，企業感到其技術優勢只是暫時的，並且預計到競爭對手會很快模仿其核心技術，在這種情況下，企業可能希望盡快地把其技術轉讓給外國企業，以趕在模仿發生之前就獲得全球對其技術的認可。同時，企業可以通過轉讓技術，將其技術塑造成行業的主導設計。

②管理訣竅。如果企業的核心競爭優勢建立在管理訣竅的基礎之上，那麼企業失去對管理技術控製的風險並不大。因此，許多服務企業願意選擇特許經營與子公司混合的方式來對特定國家或地區內的特許經營進行控製。子公司可以是全資企業，也可以是合資企業。但是大多數的服務企業發現，與當地合夥者合資經營能最好地控製子公司，而合資企業往往在政治上也更能被接受。

(2) 成本降低的壓力與進入模式

成本降低的壓力越大，企業越有可能希望把出口與全資子公司相結合，通過在要素條件最佳的區位從事製造活動，然後出口到世界其他國家，從而實現巨大的區位經濟和經驗曲線經濟。企業可能把最終產品出口到設立在不同國家中的銷售子公司，這些子公司通常是獨資擁有，擔負著監督企業在某一特定國家中的分銷情況的責任。建立全資銷售子公司比合資經營和利用外國銷售代理更受歡迎，因為它能使企業對行銷工作實行嚴密控製，以協調全球分散的價值鏈。它還使企業有能力利用在一個市場中集聚的利潤來改善它在另一個市場中的競爭地位。換句話說，追逐全球標準化或跨國戰略的企業往往選擇建立全資子公司。

2.4.4.3 對外直接投資的方式

對外直接投資的方式主要包括兩種，即新創和併購。

新創企業又稱綠地投資，是指跨國公司等投資主體在東道國境內依照東道國的法律設置的部分或全部資產所有權歸外國投資者所有的企業。

跨國併購包括跨國兼併和跨國收購兩種。跨國兼併是指原來兩個不同國家企業的資產和經營結合成一個新的法人實體。跨國兼併分為跨國合併（A+B=C）和跨國吸收兼併（A+B=A 或 B）兩種。跨國收購是指東道國當地企業的資產和經營控製權從當地企業轉移到外國企業。跨國收購可以是少數股權收購（10%~49%），也可以是多數股權收購（50%~99%），還可以是全資收購（100%）。跨國兼併和跨國收購的區別在於，前者至少有一方的法律實體地位不復存在，後者則都保持原法律實體地位。

2016 年，中國境內投資者共對全球 164 個國家和地區的 7,961 家境外企業進行了非金融類直接投資，累計投資 1,701.1 億美元，同比增長 44.1%。同年，中國首次超過日本，成為僅次於美國的全球第二大對外投資國。

（1）併購的優點和風險

①併購有三個主要的優點：第一，便於實施。通過併購一家現有的企業，跨國企業很快就可以在海外目標市場建立起自己的形象。第二，在許多情況下，企業可以通過併購來搶占市場先機。在快速全球化市場中，搶占市場先機尤其必要。第三，管理人員相信併購的風險要比新創企業要小。當企業在海外市場進行併購時，它獲得的不僅是一系列有形資產，而且還獲得了有價值的無形資產。

②併購失敗的原因主要有以下四個：第一，併購公司經常為被併購企業的資產支付過高的價格。如果有兩家以上的企業對購買目標企業感興趣，那麼這家目標企業的價格就會被哄抬上去，併購企業的管理層經常對通過併購所能創造的價值過於樂觀，因此願意支付一筆高於目標企業市場地位的可觀費用。第二，許多併購失敗是因為併購企業與被併購企業之間的文化差異。第三，許多併購失敗是因為併購企業想通過整合與被併購企業的營運來實現協同效應的企圖經常遇到障礙，且其過程要比預想的長得多。第四，許多併購失敗是因為企業缺乏併購前嚴密的審查。

③為了降低併購失敗的風險，企業應該仔細審查將要被併購的外國企業，包括對其經營狀況、財務狀況和管理文化等進行詳細的審查，這將有助於企業避免對併購行為支付過高的費用、在併購後產生一些令人不愉快的驚詫、併購一家組織文化與自己相對立的企業。同時，併購方也要注意對被併購方管理層的妥善安置，以免人員流失。因此，在併購後，管理層必須盡快制定一項整合計劃，最好是在併購後的前三個月內就實行這項計劃。

（2）新創企業的優缺點

①優點。企業通過綠地投資可以盡其所能地建立一家與其期望相符的子公司，創辦新企業雖然成本較高，但相對併購而言，可以避免併購可能帶來的摩擦。

②缺點。綠地投資往往建設期長，進展緩慢，而且風險更高，也面臨著被競爭對手通過併購而搶占市場先機的風險。

習題

一、單選題

1. 跨國公司也可以表述為（　　）。

　　A. 全球公司　　　　　　　　B. 國際公司
　　C. 多國企業　　　　　　　　D. 外國企業

答案：C

2. 最早的獨立對外直接投資理論是（　　）。

　　A. 內部化理論　　　　　　　B. 壟斷優勢理論
　　C. 比較優勢理論　　　　　　D. 產品生命週期理論

答案：B

3. 國際直接投資的突出特徵是（　　）。
   A. 投資方式　　　　　　　　　B. 投資利潤高
   C. 投資風險大　　　　　　　　D. 投資者擁有有效控製權
   答案：D

4. 按照弗農的產品生命週期理論，當產品處於導入期時，（　　）類型的公司擁有壟斷優勢。
   A. 創新型　　　　　　　　　　B. 勞動力成本低廉型
   C. 資源豐裕型　　　　　　　　D. 資金密集型
   答案：A

5. 投資者在國外建立合資企業與獨資企業相比雖有許多優點，但也有不利之處。其不利之處表現為（　　）。
   A. 管理上容易出現分歧
   B. 經營上容易受到限制
   C. 經營風險大
   D. 容易受到當地民族意識的抵制
   答案：A

二、簡答題

1. 跨國公司在國際市場上的競爭優勢主要表現在哪些方面？

答：跨國公司在國際市場上的競爭優勢主要表現在以下三個方面：

（1）所有權優勢。一是傳統意義上的所有權優勢，如技術、規模經濟、政府補貼、市場、信息渠道、金融和貨幣優勢等；二是多國化經營本身帶來的優勢。

（2）資源配置優勢。跨國公司可在全球範圍內調配自己所需的資源，根據其內部信息網路傳遞的各地需求狀況及未來市場前景，在全球範圍內對這些資源進行調配。

（3）經營戰略優勢。實施全球化戰略的跨國公司注重的是在全球範圍內統一協調各分支機構，因此建立統一的形象對跨國公司來說至關重要。

2. 簡述影響對外直接投資區位選擇的因素。

答：影響對外直接投資區位選擇的因素可分為主觀因素和客觀因素兩大類。主觀因素主要包括以下四類：

（1）市場因素。市場因素包括區域的市場規模、經濟發展速度、發展階段、人口多寡、貿易壁壘等。一般而言，一個地區的市場規模大小既包括現實的市場容量，也包括將來的市場潛力。外資企業把製造業工廠選在市場規模較大的地區，可以接近消費者和要素市場，從而減少運輸成本，及時瞭解市場需求的變化，並獲取聚集規模經濟效益。

（2）成本因素。外商通常會選擇成本最低的生產區位，這種成本通常是指生產成本，包括勞動力成本、土地使用成本、原料價格和交通運輸成本等。其中，最重要的是勞動力工資成本。

（3）集聚效應。經濟活動聚集的規模和結構都會對外商投資的區位選擇產生影響。

一個強大的產業基地必將是外商投資爭搶的區位，因為這裡有較為完整的產業聯繫網路，容易雇到熟悉業務的勞動力，同時還有城市化經濟等外在經濟存在。

(4) 政策因素。優惠政策不僅會提升外資企業的盈利空間，而且表明了當地政府對外資的態度，增強了政策的透明度。

客觀因素主要包括以下四類：

(1) 地理區位。地理位置是對外直接投資的直接催化劑和黏合劑，在一定程度上影響著對外直接投資的區位選擇及投資效果。

(2) 資源稟賦。人力資本存量是影響對外直接投資區域選擇和投資規模的重要因素。

(3) 基礎設施。雖然基礎設施並不直接構成外商投資的動機，但也是外商考慮的重要因素。

(4) 社會文化。東道國區域的社會文化因素對對外直接投資的區位選擇和生產經營管理具有十分重大的意義。這些具體因素包括語言、民族、宗教、風俗、傳統價值觀、道德準則、教育水平、人口素質和衛生條件等。

三、論述題

結合當前國際直接投資發展的實際，論述全球價值鏈及其對經濟發展的巨大作用。

答：當前國際直接投資的現狀如下：

(1) 國際直接投資總量和主體持續增長。國際直接投資在三大類經濟體中均呈現增長態勢，包括發達國家、發展中國家、東南歐與獨立國家聯合體中的轉型經濟體。

(2) 國際直接投資市場以發達國家為主，主要在發達國家之間雙向流動。國際直接投資較間接投資的風險更大，因此投資者除追求盈利外還尋求安全性。相對而言，發達國家的投資環境要優於發展中國家，投資者自然而然地將發達國家作為國際直接投資的主要市場。在發達國家之間的國際直接投資格局中，美國的霸主地位逐漸喪失，歐、日的地位不斷上升，形成了美、歐、日三足鼎立的格局。儘管如此，美國仍然是當今世界主要的對外直接投資國和外國直接投資的吸收國。但是，隨著發展中國家經濟實力的增強，特別是包括中國在內的新興經濟體的崛起，流向發展中國家的國際直接投資也在增長，規模也在不斷擴大。

(3) 發展中經濟體和轉型經濟體正發展為國際直接投資來源地。發展中經濟體和轉型經濟體的企業在國際上佔有愈益重要的地位。它們通過對外直接投資，為母公司提供了新的發展機會。另外，來自發展中經濟體和轉型經濟體的對外直接投資的增長促進了大規模的直接投資流量的產生，從而促進了投資領域的交流與合作。

(4) 國際直接投資主要流向高新技術產業部門和服務部門。隨著各發達國家產業結構的高級化，外國直接投資的重點行業從傳統的製造業逐步轉向高新技術產業，如計算機、新能源、精密機械和生物工程等資本和技術密集型行業。另外，第三產業中的一些行業，如金融、保險、不動產等也成為國際直接投資的熱點。

(5) 跨國併購是國際直接投資的重要形式。兼併、收購作為國際直接投資的重要形式，所佔比重也越來越大，而綠地投資的比重越來越小。

在全球化快速發展的背景下，得益於通信技術的發展、運輸成本的下降以及全球多邊貿易體制發展而帶來貿易障礙的減少，跨國公司主導的各類生產要素在全球範圍內配置，使得全球生產活動呈現出國際化分工、分散性模塊生產的特點。隨著國際分工形式的不斷深化，產品研發、生產、銷售可以由分佈於不同國家和地區的不同企業來分別完成，這種產品內部的縱向分工形式即為全球價值鏈。跨國公司主導了全球價值鏈的構建，發達國家、發展中國家通過對外直接投資等活動積極參與到全球價值鏈體系的構建中來。全球價值鏈對這兩種類型的經濟體所產生的作用是不同的。

全球價值鏈對世界經濟的作用主要表現在以下兩個方面：

（1）對發達國家的作用。發達國家通常處於全球價值鏈的高附加值環節及戰略價值環節，憑藉其不同程度的壟斷勢力可獲取較大的收益。而在全球價值鏈初步形成以後，發達國家企業已不滿足於僅僅占據戰略價值環節，而是利用控制戰略價值環節獲取的市場勢力，延伸其對整個全球價值鏈條的控制，通常是通過減少替代品種類和數量來實現的，以進一步提升其附加值和獲利能力，導致不同價值間的利益分配更加向戰略價值環節傾斜。

（2）對發展中國家的作用。目前，包括最不發達國家在內的幾乎所有的發展中國家正在加速融入全球價值鏈之中，發展中國家加入全球價值鏈可以獲得經濟發展利益。全球價值鏈可以為發展中國家進入國際市場和融入全球經濟體系提供便利。發展中國家不再需要發展一個完整的產業來生產和出口產品，而可以只聚焦產業鏈中的一小部分環節。全球價值鏈通過技術推廣、技能培訓等多種方式，為發展中國家構建國內產能及中長期產業升級提供了機遇。然而，全球價值鏈也會給發展中國家帶來一定的風險。全球價值鏈的許多潛在發展益處（特別是技術推廣、技能培訓和產業升級）是不會自動獲得的，發展中國家可能會被鎖定在全球價值鏈的低端，即從事低附加值的生產活動。此外，全球價值鏈項目和生產地點的選擇是由包括勞動生產率和比較成本在內的經濟活力指標決定的，而在全球範圍內流動的跨國公司會根據上述指標對其全球製造網路進行調配佈局。

3 國際間接投資

3.1 國際間接投資概述

3.1.1 國際間接投資的概念

國際間接投資,又稱國際證券投資(International Portfolio Investment),是投資者(個人或機構)購買外國發行的公司股票、公司債券或政府債券、衍生證券等金融資產,只謀求取得股息、利息或買賣證券的差價收益,而不取得對籌資者經營活動控製權的一種國際投資方式。

國際間接投資主要是通過國際資本市場進行,按投資對象不同,可以把國際間接投資分為國際股票投資、國際債券投資和國際信貸投資三種形式。其中,國際股票投資和國際債券投資又被稱為國際證券投資,也即狹義的國際間接投資。廣義的國際間接投資還包括國際中長期信貸,包括中長期銀行信貸、出口信貸、政府貸款、國際金融組織貸款、國際項目貸款等。

由於國際間接投資與國際直接投資的根本區別在於對籌資者的經營活動有無控製權,所以,有人將「非限制性國際貸款」(無控製權)歸入國際間接投資,而將「限制性國際貸款」(有控製權)歸入國際直接投資。

3.1.2 國際間接投資與國際直接投資的區別

(1) 控製權的區別

國際間接投資與國際直接投資最根本的區別是控製權的區別。國際直接投資是一種經營性投資,對籌資者的經營活動擁有控製權。而國際間接投資對籌資者的經營活動並無控製權。

(2) 流動性及風險的區別

國際直接投資一般都要參與一國企業的生產,生產週期長,資金一旦投入某一特定的項目,要抽出就比較困難。其流動性小,風險性大。而國際間接投資與企業的生產經營無關,在國際間接投資的各種形式中,除了國際開發援助貸款和政府貸款的償還週期較長外,其他間接投資形式的回收週期較短,資本流動性較大,特別是大量的短期國際遊資。隨著二級市場的日益發達與完善,證券可以自由買賣,流動性越來越大。當間接投資的投資人是股東時,如果股東持有的不是普通股,其承擔的責任也以其認購的股份為限;如果股東持有的是債券,經營風險則由債務人承擔,所以風險

也小。

(3) 投資渠道的區別

國際直接投資只要雙方談判成功即可簽訂協議進行投資,而國際間接投資必須通過國際資本市場(或稱國際金融證券市場)進行。

(4) 投資內涵的區別

國際直接投資是生產要素的投資,不僅涉及貨幣資本運動,還涉及技術設備、經營管理理念和經驗等經營資源在國際間的一攬子轉移,運用的是現實資本。

國際間接投資又稱「國際金融投資」,一般只涉及金融領域的資金,即貨幣資本運動,運用的是虛擬資本。

(5) 自發性和投機性的區別

國際直接投資是運用現實資本從事經營活動,盈利或虧損的變化比較緩慢,一經投資便很難撤資,具有相對的穩定性。而國際間接投資受國際間利率差別的影響而表現為一定的自發性,往往自發地從低利率國家向高利率國家流動,具有較大的投機性。

(6) 投資收益的區別

國際直接投資的收益來源是利潤,而國際間接投資的收益來自於利息、股息、買賣證券的差價。

3.1.3　影響國際間接投資的因素

(1) 利率

利率是決定國際間接投資流向的主要因素。正常情況下,資本從利率低的國家流向利率高的國家;不正常情況下,如政局不穩定,也可能發生短期資本從利率較高而政局動盪的國家流向利率較低而政局穩定的國家。不少國家政府把利率作為宏觀調控的手段,使資本向有利於本國經濟發展的方向流動。

利率的種類較多,有短期利率和長期利率、名義利率和實際利率之分,而對國家間接投資流量和流向影響較大的是長期利率和實際利率的變化。

(2) 匯率

匯率是一國貨幣與另一國貨幣交換的比率,也是一國貨幣用另一國貨幣表示的價格,即匯價。匯率主要決定於外匯的供求,是一國國際收支的反應。匯率的穩定與否會引起國際間接投資流向的變化。如果某國的貨幣匯率較高而又長期穩定,投資者就會將資金由匯率低、風險大的國家移入該國。由於匯率對資本流向影響較大,許多國家根據本國的國際收支狀況,通過制定匯率政策來限制或鼓勵資本的流入與流出。當一國國際收支惡化時,國家可以通過外匯管制來維護本國貨幣匯率的穩定,以達到鼓勵外國資本流入的目的。

(3) 風險性

如果風險性小的資產和風險性較大的資產都能提供同樣的收益率,投資者自然願意持有風險較小的資產。一般而言,對私人投資的風險大,對政府投資的風險小。

(4) 償債能力

一般而言,償債能力與吸收國際間接投資的數量成正比。發達國家由於經濟實力

雄厚，有較多的外匯儲備，償債能力強，因而能吸引大量的國際資本。發展中國家的國際間接投資也多集中在那些新興工業國家和地區。相對而言，這些國家和地區經濟發展較快，有較強的出口創匯能力。而一些經濟落後的國家經濟發展緩慢，外債償還能力低，很難吸引到較多的國際間接投資。

3.2　國際股票投資

3.2.1　股票的概念、種類和收益

（1）股票的概念

股票是股份公司發給股東，用以證明股東所持股份的憑證，表明股票的持有者對股份公司的部分資本擁有所有權。由於股票包含經濟利益且可以上市流通轉讓，因此股票也是一種有價證券。

國際股票是指股票的發行和交易過程不是只發生在一國內，而通常是跨國進行的，即股票的發行者和交易者，發行地和交易地，發行幣種和發行所屬本幣等至少有一種和其他的不屬於同一國度。

（2）股票的種類

①按股票有無記名，可分為記名股票和不記名股票。記名股票是在股票票面上記載股東姓名或名稱的股票。這類股票除了股票上所記載的股東外，其他人不得行使其股權，且股份的轉讓有嚴格的法律程序與手續，需辦理過戶。

不記名股票是股票票面上不記載股東姓名或名稱的股票。這類股票的持有人即股份的所有人，具有股東資格，股票的轉讓也比較自由、方便，無須辦理過戶手續。

②按股票是否標明金額，可分為面值股票和無面值股票。面值股票是在票面上標有一定金額的股票。持有這種股票的股東，對公司享有的權利和承擔的義務大小，依其所持有的股票票面金額占公司發行在外股票總面值的比例而定。

無面值股票是不在票面上標出金額，只載明所占公司股本總額的比例或股份數的股票。無面值股票的價值隨公司財產的增減而變動，而股東對公司享有的權利和承擔義務的大小，直接依股票標明的比例而定。目前，中國公司法不承認無面值股票，規定股票應記載股票的面額，並且其發行價格不得低於票面金額。

③按股票投資主體的不同，可分為國家股、法人股、個人股。國家股是有權代表國家的投資部門或機構以國有資產向公司投資而形成的股份。

法人股是企業法人依法以其可支配的財產向公司投資而形成的股份，或具有法人資格的事業單位和社會團體以國家允許經營的資產向公司投資而形成的股份。

個人股是社會個人或公司內部職工以個人合法財產投入公司而形成的股份。

④按股票發行對象和上市地區的不同，可分為A股、B股、H股和N股。A股是供中國大陸地區個人或法人買賣的，以人民幣標明票面金額並以人民幣認購和交易的股票。B股、H股和N股是專供外國和中國港澳臺地區投資者買賣的，以人民幣標明

票面金額但以外幣認購和交易的股票。其中，B股在上海、深圳上市；H股在香港上市；N股在紐約上市。

（3）股票的收益

股票收益包括兩部分，即股利收益和股票買賣差價收益。

①股利收益。股利收益是指投資者以股東身分，按照持股額從公司盈利分配中獲得的收益。其表現為股息和紅利。

股息即股票的利息，是依據投資入股的股票面額作為分配標準並按股權平等原則進行分配的。優先股按固定的股息率優先取得股息，一般不以企業是否有利潤或有多少利潤為轉移，因而是固定的。普通股的股息通常是在支付優先股的股息之後再根據餘下的利潤來分配，因而是不固定的。

紅利是股東從公司取得的超過股息部分的收入。股東除了定期從股份公司領取股息外，還可以從公司剩餘的盈利中分得一部分利潤，這部分利潤就是紅利。優先股是不能參與紅利分配的。紅利的多少通常取決於公司的盈利情況。

②股票買賣差價收益。當上市公司經營有方、管理有術而獲得較多利潤時，其股價也會隨之上漲，此時投資人通過買賣差價而形成的利益也是股票收益的來源。

（4）股票投資收益的衡量指標

股票投資收益的衡量指標主要包括股價股息收益率、市盈率、股價純資產率等。

①股價股息收益率。股價股息收益率簡稱收益率，是每一年的收益與股票價格的比值，其計算公式為：

股價股息收益率＝$(D/P_0) \times 100\%$（D表示股息，P_0表示股票買入價）

這個指標越高，表明公司股票的收益越好。

②市盈率。市盈率又稱股價利潤收益率、本益比，是指股份公司的股票市價與過去一年每股盈利的比率。其計算公式為：

市盈率＝股價／每股盈利

每股盈利＝（本期毛利潤－優先股股利）／期末總股本

市盈率反應股票價格的高低，表示每股盈利所承擔的市場價格。如果市盈率小，說明這種股票的價格比較低，那麼這種股票增息和股價上漲的潛力比較大；反之，該種股票增息和股價上漲的潛力就比較小。

③股價純資產率。股價純資產率指的是股票市價與每股純資產的比率。其計算公式為：

股價純資產率＝P/C（P表示股票價格，C表示每股純資產）

股價純資產率是從一個公司純資產和股價關係來衡量股價水平的靜態指標，表明每股純資產的倍數。這個指標越大，說明股價處於較低水平，上漲潛力較大；反之則相反。

3.2.2 國際股票的分類

（1）直接在海外上市的國際股票

直接在海外上市的國際股票是指在外國發行的直接以當地貨幣為面值並在當地上市交易的股票。紐約證券交易所是目前世界上規模最大、組織最健全、設備最完善、

管理最嚴密的證券交易所。

紐約證券交易所的上市條件相當嚴格，能在該交易所上市的股票都屬於績優股。而外國公司在紐約證券交易所掛牌的要求就更加嚴格了，必須達到其最低標準：有形淨資產要求達到 1 億美元；在過去三年中連續盈利，且在最後一年不少於 250 萬美元，前兩年每年不少於 200 萬美元或最後一年不低於 450 萬美元，三年累計不少於 650 萬美元；擁有 100 股以上的股東不少於 2,000 名，公眾持有的股票超過 250 萬股；公開發行的股票市值不低於 1 億美元。

中國企業主要是通過在香港發行 H 股和在美國發行 ADR 從而在海外直接上市。

（2）以外國貨幣為面值發行卻在國內上市流通的股票

這類股票是供境內外國投資者以外幣交易買賣的股票。中國上市公司發行上市的 B 股就屬於這類股票。

（3）存托憑證

存托憑證（Depository Receipt，DR），又稱存股憑證、預托憑證、存券收據等，是某國企業在外國證券市場發行股票時，為了避免發行股票所在國證券管理機構的管制，而把股票寄存在發行股票所在國的某保管銀行手中，然後由保管銀行通知外國的存托銀行在外國發行代表該股份的一種有價證券。之後，存托憑證便開始在外國證券交易所或櫃臺市場（OTC）交易。存托憑證持有人擁有的權力與原始股票持有人相同。

按照發行或交易地點的不同，存托憑證被冠以不同的名稱，包括美國存托憑證（ADR）、歐洲存托憑證（EDR）、全球存托憑證（GDR）等。

（4）歐洲股權

歐洲股權，是指在面值貨幣所屬國以外的國家或國際金融市場上發行並流通的股票，並非地理上的「歐洲」的含義。

直接在海外上市的國際股票往往是企業在國內股票市場上市的基礎，通常選擇某一國外金融中心的證券交易所上市國際股票。而歐洲股權則一般在多個國家的市場上同時發行，由跨國投資銀行組成的國際承銷團進行跨境承銷。

3.2.3　股票價格與股票價格指數

（1）股票價格的種類

股票價格有多種表達方式，其中主要有面值、市值、淨值和真值四種表達方式。

①面值（Par Value）。面值是指股票的票面上所標明的每股金額，通常以每股為單位。股票上市公司將其資本總額分為若干股，面值即代表每股的資本額。但股票的發行價並非以面值為準，有時按溢價發行，有時按折價發行。

②市值（Market Value）。市值即股票市場價格，在交易所中買賣雙方確定的某一時點的股票交易價格（實際成交價格）。市值的高低決定著投資者的損益。交易所掛牌公布的股價，就是指的市價，市值的最大特點就是經常發生變化。

③淨值（Net Value）。淨值是通過對發行股票的公司的財務報表分析計算得出的，是股票的帳面價值。

淨值＝（公司資產總額－債務總額－優先股總面值）／普通股股份數

股票的淨值表明，公司的公積金和累積盈餘等儘管沒有以股利的形式分配給股東，但所有權仍屬於股東。淨值越高，股東所能享有的權益也就越大。由於「淨值」是根據公司的財務報表實際數字計算得出的，其真實性和準確性較高（帳目虛假除外），因此長期投資者往往以「淨值」作為投資評估的依據。

④真值（Intrinsical Value）。真值是由公司顯示財務狀況和未來盈利前景決定的股票價值，即把未來的收益折成現值。

(2) 股票價格指數

股票價格指數，又稱股票行情指數，是反應股價變動相對水平和股價變動趨勢的一種動態統計指標。股票價格指數下跌或上升，不僅可以說明銀行利率的變化，投資者還可以據此推知股市現狀與未來的收益情況。將報告期的股票價格與選定基期價格相比，並將兩者比值乘以基期指數值，即為該報告期的股價指數，它彌補了股價平均數所不能反應的股價漲落波動率的缺陷。

①道‧瓊斯股票價格平均指數。道‧瓊斯指數是國際股票市場上最具有代表性的股票價格指數，於1884年由道‧瓊斯公司的創始人查理斯‧道開始編制的，是世界上歷史最為悠久、影響最大、最有權威性的一種股票價格指數。現在常用的道‧瓊斯股票價格平均指數是以1928年10月1日為基期，並令基期的平均數為100。

現在的道‧瓊斯價格平均指數分為四組：第一組是工業平均指數，由30種有代表性的大工業公司的股票組成；第二組是運輸業平均指數，包括20種有代表性的運輸業公司的股票；第三組是公用事業平均指數，包括15種公用事業公司的股票；第四組是綜合指數，是用前三組中的65種股票算出來的指數。

②標準普爾股票價格指數。標準普爾股票價格指數又被譯為斯坦達德-普爾股票價格指數，由標準普爾公司於1923年編制計算並發表。最初採樣股票有233種，到1957年擴大至500種股票。其中，上市的工商業股票400種，運輸業股票20種，公用事業股票40種，金融業股票40種。標準普爾股票價格指數以1941—1943年抽樣股票市價總值的平均值作為計算基準，採用的是加權方法，即把每種抽樣股票的收盤價格分別乘以其在外股票數，求得計算期市價總值，然後除以計算基準的市價總值，再以百分比表示即可得到股價指數。標準普爾股票價格指數根據普通中小企業股票編制計算，包含的股票市場價格占紐約證券交易所上市股票的75%，被認為是包含範圍廣、代表性較大的股票價格指數。標準普爾股票價格指數有兩大特點：一是抽樣面廣、代表性強、數字反應較為正確，並且有很高的連續性，指數本身即反應股票市場的趨勢。二是該指數特別重視把上市股數作為某種股票的權數以及上市股數在整個市場經濟中的份額而引起的對股市的影響。

③紐約證券交易所股價綜合指數。紐約證券交易所股價綜合指數包括在紐約證券交易所上市的所有普通股的指數，旗下並設有四個分組指數：工業、交通、公共事業及金融指數。該指數追蹤紐約證券交易所上市的普通股市場價值的變動，並消除新上市及摘牌的影響。每種股票市場價值的計算方法為每股價格乘以上市股票數量。

④英國金融時報股價指數。英國金融時報股價指數是由英國金融界著名報紙《金融時報》編制發布的，描述倫敦證券交易所市場行情的股價指數。這一指數包括金融

時報指數（FT30）、金融時報精算（FTA）所有股價指數和金融時報-股票交易所 100 中股價指數（FT-SE100）。

通常說的金融時報股價指數是指 FT30，它是計算主要工業股的幾何平均數，最初公布於 1935 年。其僅占市值的 30%，是一種幾何平均數，長期績效並不顯著，但許多投資人仍習慣用 FT30 來衡量英國股市的變化狀況。

FTA 所有股價指數是衡量整體市場的基準指數，由 700 多只成分股構成，市值占英國股市總市值的 90%。它是一種以市值加權的算術平均指數，也是評價投資組合與基金經理人績效的基準指標。

FT-SE100 是英國第一個真正的即時指數，1984 年 1 月開始運作，每分鐘更新一次。FT-SE100 是由英國最大的 100 家上市公司股價構成的市值加權算術平均指數。其市值占英國股市總市值的 70%，與 FTA 所有股價指數相關性極高，且克服了 FT30 股數少、不足以代表市場變動和 FTA 所有股價指數計算費時的缺點。

⑤日經指數。日經指數原稱為「日本經濟新聞社道‧瓊斯股票平均價格指數」，是由日本經濟新聞社編制公布的反應日本東京證券交易所股票價格變動的股票價格平均指數。該指數的前身為 1950 年 9 月開始編制的「東證修正平均股價」。1975 年 5 月 1 日，日本經濟新聞社向美國道‧瓊斯公司買進商標，採用修正的美國道‧瓊斯公司股票價格平均數的計算方法計算，並將其所編制的股價價格指數命名為「日本經濟新聞社道‧瓊斯股票平均價格指數」。1985 年 5 月 1 日，合同滿十年，經兩家協商，將名稱改為「日經平均股價指數」（簡稱日經指數）。

日經指數按其計算對象的採樣數目不同，現分為兩種：一是日經 225 種平均股價指數，它是從 1950 年 9 月開始編制的；二是日經 500 種平均股價指數，它是從 1982 年 1 月開始編制的。

日經指數的採樣股票分別來自製造業、建築業、運輸業、電力和煤氣業、倉儲業、水產業、礦業、不動產業、金融業及服務業等行業，覆蓋面極廣；而各行業中又是選擇最有代表性的公司發行的股票作為樣本股票。同時，不僅樣本股票的代表公司和組成成分隨著情況的變化而變化，而且樣本股票的總量也在不斷增加，目前已從 225 種擴增為 500 種。因此，該指數被看作日本最具影響力和代表性的股價指數，通過它可以瞭解日本的股市行情變化和經濟景氣變動狀況。

⑥東京證券交易所股價指數。東京證券交易所股價指數，簡稱東證股價指數（TOPIX）。該指數基期 1968 年 1 月 4 日的市價總額定為 100 點，從而計算當前市價總額的指數。東京證券交易所於 1969 年 7 月 1 日開始計算並公布 TOPIX，現在則實時（每隔 15 秒）發布給國內外的各金融機構及信息諮詢商。

東證股價指數（TOPIX）的構成股約 1,700 種，其對象股票牌號涵蓋了日本整體市價總額的 97% 左右，可準確反應日本股票市場的動向。

自 1969 年 7 月 1 日開始計算以來，東證股價指數（TOPIX）已有近 40 年的歷史，再加上以往的數據，是一個約有 60 年歷史的股價指數。

國外大多數的主要股價指數都是「市價總額型」，而東證股價指數（TOPIX）已對浮動股做過調整，是一種適用於運用的股價指數。

⑦恒生指數。香港恒生指數，由香港恒生銀行全資附屬的恒生指數服務有限公司編制，是以香港股票市場中的 50 家上市股票為成分股樣本、以其發行量為權數的加權平均股價指數，是反應香港股市價幅趨勢最有影響的一種股價指數。恒生指數是由若干只成分股（即藍籌股）市值計算出來的，代表了香港交易所所有上市公司 12 個月平均市值涵蓋率的 70%。該指數於 1969 年 11 月 24 日首次公開發布，基期為 1964 年 7 月 31 日，基期指數為 100。

3.3　國際債券投資

3.3.1　國際債券的定義、特點和分類

3.3.1.1　國際債券的定義

債券是一種有價證券，是由政府、公司、金融機構為籌集資金而出具的承諾，按一定利率定期向投資者（債權人）支付利息並到期償還本金的債權債務憑證。

國際債券是指一國政府及其金融機構、企事業單位或國際金融機構在國際證券市場上發行的以外國貨幣為面值的、可自由轉讓的各種借款憑證（債權憑證）。國際債券是一種有價證券，持有它就獲得了定期索取一定收益的權利。

3.3.1.2　國際債券的特點

國際債券投資與國際股票投資的不同點如下：

（1）權限不同

股票持有者有權參與公司的決策經營，有權對公司內部重大決策行使投票表決權；而債券持有者是公司的債權人，沒有干涉公司內部事務的權力，但是在公司倒閉清理和發放利息時，債持有人比股票持有人有優先獲得清償的權力。

（2）收益不同

公司應付債券持有人的利息常常是固定的，債券持有人無論如何都可以得到利息，但公司付給股票持有者的股息和紅利則要視公司經營狀況而定。

（3）期限不同

股票是永久性證券。股票發行後，公司不承擔歸還股東本金的責任。股東想要收回投資，就只能將股票轉給他人，只要公司不倒閉解散，股票就永遠存在。

債券有一定的期限。債券到期後，債券持有人即可獲得本金的償還，還可以事先將債券出售以便收回投資。

（4）性質不同

國際股票投資是股權類證券投資，而國際債券投資是債權類證券投資。

3.3.1.3　國際債券的分類

（1）按發行地理範圍分類

①外國債券：籌資者在外國發行的，以發行市場所在國貨幣為面值貨幣的債券。

由於各國對居民和非居民發行的債券的法律要求不同，如不同的稅收規定、發行時間和數量、信息披露、註冊要求等，從而造成外國債券與當地國內債券的差異。外國債券只在一國市場上發行並受該國證券法規制約。例如，揚基債券（YanKee Bonds），是由非美國發行人在美國債券市場發行的吸收美元資金的債券；武士債券（Samurai Bonds），是由非日本發行人在日本債券市場發行的以日元為面值貨幣的債券；熊貓債券（Panda Bonds），是國際多邊金融機構首次在華發行的人民幣債券；瑞士法郎外國債券（Euro-Swiss Franc Bonds），是外國投資者在瑞士證券交易所發行的以法郎為面值貨幣的債券；猛犬債券（Bulldog Bonds），是非英國本土企業在倫敦發行的英鎊債券。

外國債券的發行方式目前分為公募發行和私募發行。公募發行是公開向社會各界人士發行，要求發行者有很高的資信級別，並有嚴格的信息披露規定，二級市場交易活躍。私募發行是向特定範圍內的公眾發行，對發行人的資信級別和信息披露要求低，市場流動性低，但債券收益要求高。

②歐洲債券：籌資者在外國發行的，以第三國貨幣為面值貨幣的國際債券。歐洲債券並不是指在歐洲發行的債券，它並非地理概念上的「歐洲」範圍。例如，法國一家機構在英國債券市場上發行的以美元為面值的債券即是歐洲債券。歐洲債券不受任何國家資本市場的限制，免扣繳稅，其面額可以以發行者當地的通貨或其他通貨為計算單位。對多國公司集團及第三世界政府而言，歐洲債券是他們籌措資金的重要渠道。傳統的歐洲債券可分為固定利率債券、浮動利率債券、可轉換債券、附認購權證債券等。歐洲債券亦可以不記名的方式發行，但若借款人不被准許發行時，可與經辦發行的銀行協商，由後者發行不記名存券收據。

③全球債券：在全世界的主要國際金融市場（如美國、日本）上同時發行，並在全球多個證券交易所上市，進行24小時交易的債券。全球債券在美國證券交易委員會（SEC）登記，以記名形式發行。這種新型債券為歐洲借款人接近美國投資者提供了方便，同時其全球24小時交易也使全球債券具有了高度流動性。

④外國債券與歐洲債券的區別。外國債券的發行國是債券幣種所在國，而歐洲債券的發行國既非債券幣種所在國，也非投資者本國。

外國債券一般由市場所在地國家的金融機構為主承銷商組成的辛迪加承銷集團承銷，而歐洲債券則主要由來自多個國家的金融機構組成的國際性承銷辛迪加承銷。

外國債券受市場所在地國家證券主管機構的監管，公募發行管理比較嚴格，需要在證券主管機構註冊登記，發行後可申請在證券交易所上市；私募發行無須註冊登記，但不能上市掛牌交易。歐洲債券發行時不必在債券面值貨幣國或發行市場所在地的證券主管機構登記，不受任何一國的管制，通常採用公募發行方式，發行後可申請在某一證券交易所上市。

外國債券的發行和交易必須受當地市場有關金融法律法規的管制和約束，而歐洲債券不受面值貨幣國或發行市場所在地的法律限制。

外國債券的發行人和投資者必須根據市場所在地的法規交納稅金，而歐洲債券採取不記名債券形式，投資者的利息收入是免稅的。

外國債券的付息方式一般與當地國內債券相同，如揚基債券一般每半年付息一次。

而歐洲債券通常是每年付息一次。

(2) 按發行者性質分類

按發行者性質不同，可將國際債券劃分為政府債券、公司債券、金融債券。

(3) 按募集方式分類

①公募債券：是指按法定程序，經有權管理部門批准，遵循規定的程序，在市場上向不特定的對象公開發行的國際債券。它一般在交易所上市，購買者廣泛，利息較低，期限較長，而且要定期公布發行者的財務狀況。

②私募債券是指以少數與發行主體有特定關係的投資者為對象而發行的國際債券。因這類債券發行方範圍有限，多數國家採取登記制方式管理，不需要進行公開呈報批准，只在一定範圍內公布發行人的財務狀況。利息較高，期限較短。

(4) 按債券是否可轉換為股票分類

按債券是否可轉換為股票，可將國際債券分為普通債券、可轉換債券和附認股權債券。

普通債券指以一般的還本付息方式所發行的、不附有任何息外權益的債券。

可轉換債券指符合一定條件後可以轉換為發行公司的股票的債券。投資者將公司債券轉換成該公司的股票後，由債權人轉變為公司股東。

附認股權債券指投資人購買債券後在符合一定條件時能獲得購買發行債券公司股票的權利，即優先購買股票權和享受發行價優惠。

3.3.2 國際債券投資的收益

債券的收益是指債券投資人進行債券投資所獲得的收益，可分為名義收益率、當期收益率、到期收益率。

(1) 名義收益率

名義收益率即債券票面收益率，是債券發行人承諾每年支付給債券持有人的利息率。年利息以票面值的百分比或金額表示。例如，一張面值為1,000元的債券，票面收益率為8%，則其年利息為80元。一般而言，票面利率在整個債券存續期內是固定的，但可變利息債券的利率在債券的存續期內是浮動的。

(2) 當期收益率

如果債券以折價方式交易，表明當期收益率大於票面收益率；如果債券以溢價方式交易，則當期收益率要低於票面收益率。其計算公式為：

當期收益率＝票面收益/市場價格

(3) 持有期收益率

持有期收益率，指投資者從買入債券時起到賣出時止的年均收益率。按照下列公式計算：

持有期收益率＝[(持有期間利息＋賣出價－買入價)/買入價×持有年限]×100%

(4) 到期收益率

到期收益率，指投資者從持有債券時起到債券到期時止的年平均收益率。按照下列公式計算：

到期收益率＝［(債券到期後的本金和利息總額－買入價)/(買入價×待償還的期限)］×100%

3.3.3 國際債券的發行程序和發行條件

（1）國際債券的發行程序

國際債券的發行程序如下：

①發行企業任選一家金融公司作為債券發行的組織者；

②發行者向當地外匯管理部門提出發行債券申請，經該部門審查並提出意見後，報經該國政府有關管理部門批准；

③發行者向國外有關資信評級機構申請評級；

④發行者向擬發行證券的市場所在國政府提出申請，徵得市場所在國政府的許可；

⑤發行者在得到發行許可後，委托主幹事銀行組織承銷團，由其負責債券的發行與包銷。

（2）國際債券的發行條件

國際債券的發行條件是指籌資者在以外國債券等形式籌集資金時所涉及的各項條款和規定，主要包括以下六個方面：

①債券資信評級。國際債券發行是一項較為複雜的工作，需要做大量的前期準備工作，其中一個重要工作就是國際債券評級。債券發行人都需要經過一家公認的資信評級機構評定其資信級別。對債券評級不是評價該債券的市場價格、市場銷路和債券投資收益，而是評價債券的發行質量、發行者的經濟實力與資信、投資者所承擔的投資風險程度。資信等級高有利於債券獲得高利率的優惠，也有利於大額和期限較長的債券的發行。在美國債券市場上，專門從事債券評級的機構有穆迪投資者服務公司和標準普爾公司。

②債券發行額。債券發行額是根據發行人的資金需求程度和信譽級別、債券種類、發行市場的具體情況以及承銷辛迪加的銷售能力等多種因素來確定的。如果發行額過多，不僅會造成銷售困難，而且對債券二級市場的銷售價格也會產生不良影響；如果發行額過少，則不利於發行者的資金使用。

③債券利率和收益率。債券利率的高低受到發行者的信譽、發行額、發行市場供求狀況、與承銷公司協商結果等因素的影響。債券利率越低對發行者越有利，而債券利率越高對投資者越有利。一般而言，債券利率水平應略高於銀行存款利率，否則債券將很難銷售。

債券收益率是債券發行者和投資人都需要考慮的問題。債券發行者要在考慮債券收益率的基礎上確定債券發行利率，而投資者購買債券時不僅要看債券利率，還要對其收益率進行全面分析，也不能只看其票面利率的大小。債券收益率有名義收益率、即期收益率、持有期收益率、到期收益率、截止到期日的平均收益率等。

④債券償還期限。債券償還期限是指從債券發行日起到償清本息日止這段時間。債券償還期限主要根據發行者的用款需要或投資計劃來確定，但還要結合國際慣例、市場狀況、資金需求狀況、投資者意向以及債券銷路等因素進行綜合考慮。由於通貨

膨脹和經濟不穩定會影響債券價格。目前，主要國際債券市場發行債券的期限有縮短的趨勢。

⑤債券償還方式。債券償還方式有期中償還和期滿償還兩種方式。期中償還又可以細分為四種方式：一是定期償還，即債券發行內，發行者每半年或一年償還債權的一部分，直到債券期滿前還清為止；二是任意償還，即債券發行後，在規定的寬限期內，發行者可任意償還債務的一部分或全部；三是買入註銷，即發行者買入自己發行的債券並予以註銷；四是期滿償還，即發行者在債券期滿時一次性全部償還債務。

⑥債券發行價格。債券發行價格是以債券出售價格與票面金額的百分比來表示的，與債券利率同方向變化，利率高則提高發行價格，反之則適當降低發行價格。以等於票面價格發行債券的方式稱為等價發行，以低於票面價格發行債券的方式稱為折價發行，以高於票面價格發行債券的方式稱為溢價發行。

3.4　國際投資基金

3.4.1　國際投資基金概述

投資基金是現代證券市場上的一種新型投資方式或投資制度。具體來說，投資基金就是將眾多不特定的且有共同投資目的的投資者的資金匯集起來，委託專業的金融投資機構進行科學性、組合性、流動性投資，借以分散與降低風險的一種投資方式或制度。

世界各國對投資基金的稱謂有所不同，美國叫共同基金或互惠基金，英國叫單位信託基金。

投資基金具有以下特點：

（1）小額投資風險分散

投資基金的起點金額很低，有的基金甚至沒有投資金額的限制。這樣，投資者就可以方便靈活地進行基金投資。與股票比起來，投資基金風險較小。

（2）專業管理

投資基金所籌集的資金都交給專業管理人員操作，這些專業管理人員大多受過專業訓練，經驗豐富，對國內外的經濟形勢、產業情況、上市公司的情況等比較瞭解，並與證券市場、經紀人有密切的聯繫。因此，投資基金能避免個人投資的盲目性，犯錯誤的概率也相對較小。

（3）流動性強

投資基金的買入和賣出十分簡單，通常可以直接到基金管理公司購買，或在基金代銷機構購買，現在部分電子平臺也推出了基金管理服務。投資基金發行後能掛牌上市進行交易，因此，投資基金具有較強的流動性和變現性。

（4）品種多樣

投資基金種類繁多，幾乎包括了金融市場上所有的金融產品。在西方發達國家，

投資基金出現最早，發展規模也非常龐大，任何一種被市場看好的行業或產品，都可以通過設立基金進行投資。因此，投資者對投資基金的選擇餘地非常大。投資基金適合各種類型的投資者進行投資。

（5）費用低廉

個人投資者進行投資時，若要委托投資顧問機構代為管理或尋求投資諮詢，需要支付相當數額的費用。而投資者投資基金的話，這筆費用就可由所有的基金投資者分攤。另外，在國外，證券交易的佣金是不固定的，大額交易者可以享有相當的優惠，使基金的單位佣金較為低廉。

3.4.2 國際投資基金的種類

（1）按組織形態分類

按組織形態或法律基礎的不同，可將投資基金分為契約型投資基金與公司型投資基金。

①契約型投資基金。契約型投資基金又稱單位信託基金，是依據信託契約原理設立的投資基金，涉及三方當事人：委托人、受託人、受益人。委托人依照契約運用信託財產進行投資，受託人依照契約負責保管信託財產，受益人依照契約獲取收益。

②公司型投資基金。公司型投資基金是委托人發起組織的以投資為目的的投資公司發行投資基金股份，而投資者購買公司股份、共同參與投資的信託財產形態。公司型投資基金公司一般為股份有限公司，其結構通常包括四個當事人：投資公司、管理公司、保管公司、承銷公司。歐美的投資基金多為公司型基金，以美國、英國為典型代表。亞洲地區一般為契約型基金，如日本、韓國等。

（2）按是否可贖回分類

①開放式投資基金。開放式投資基金是指基金發起人在設立基金時，基金單位或者股份總規模不固定，可視投資者的需求隨時向投資者出售基金單位或者股份，並可以應投資者的要求贖回發行在外的基金單位或者股份的一種基金運作方式。投資者既可以通過基金銷售機構購買基金從而增加基金資產，擴大基金規模，也可以將所持有的基金份額賣給基金公司並收回現金從而減少基金資產。

開放式投資基金不上市交易。它既可以由基金公司直銷，也可以由基金公司的代理機構如商業銀行或證券營業部等代銷，還可以通過基金公司的網站在網上進行申購和贖回。其規模不固定，基金單位可隨時向投資者出售，也可應投資者要求買回。開放式投資基金包括一般開放式投資基金和特殊開放式投資基金。特殊開放式投資基金（Listed Open-Ended Fund, LOF），又稱上市型開放式投資基金。上市型開放式投資基金發行結束後，投資者既可以在指定網點申購與贖回基金份額，也可以在交易所買賣該基金。

②封閉式投資基金。封閉式投資基金又稱單位型投資基金，是指基金份額在基金合同期限內固定不變且可以在依法設立的證券交易所交易，但基金份額持有人不得申請贖回的一種基金運作方式。

封閉式投資基金有固定的存續期，期間基金規模固定，一般在證券交易場所上市

交易，投資者通過二級市場買賣基金單位。封閉式投資基金在其封閉期內不允許投資者申購或贖回基金單位，直到新一輪的開放，一般開放時間是1周而封閉時間是1年。

開放式投資基金與封閉式投資基金的區別：

期限不同。封閉式投資基金通常有固定的封閉期，而開放式投資基金沒有固定期限，投資者可隨時向基金管理人購買或贖回。

基金單位的發行規模要求不同。封閉式投資基金一般會在招募說明書中列明其基金規模，而開放式投資基金沒有發行規模限制。

基金單位轉讓方式不同。封閉式投資基金的基金單位在封閉期內不能贖回，投資者只能尋求在證券交易場所或櫃臺市場上出售給第三者。開放式投資基金的投資者則可以在首次發行結束一段時間（一般為3個月）後，隨時向基金管理人或仲介機構提出購買或贖回申請。

基金單位的交易價格計算標準不同。封閉式投資基金的買賣價格受市場供求關係的影響，並不必然反應公司的淨資產值。開放式投資基金的交易價格則取決於基金的每單位資產淨值的大小，其賣出價一般是基金單位資產淨值加5%左右的首次購買費，買入價即贖回價是基金券所代表的資產淨值減去一定的贖回費，基本不受市場供求影響。

投資策略不同。封閉式投資基金的基金單位數不變，資本不會減少，因此基金可進行長期投資，基金資產的投資組合能有效地在預定計劃內進行。開放式投資基金因基金單位可隨時贖回，為應付投資者隨時贖回兌現，基金資產不能全部用來投資，更不能把全部資本用來進行長線投資，必須保持基金資產的流動性，在投資組合上需保留一部分現金和可隨時兌現的金融商品。

（3）按募集方式分類

①公募基金。公募基金是受政府主管部門監管的，向不特定投資者公開發行受益憑證的證券投資基金。這些基金在法律的嚴格監管下，有信息披露、利潤分配、運行限制等行業規範。

②私募基金。私募基金是一種以私募的方式向少數投資者募集資金而設立的基金。私募基金的銷售和贖回都是通過基金管理人與投資者私下協商來進行的。私募基金按投資標的可分為私募證券投資基金、私募股權投資基金和私募風險投資基金。

（4）按投資理念分類

①成長型基金。成長型基金是以追求基金長期增值為投資目標的基金，其投資對象主要是市場中有較大升值潛力的小公司股票和一些新興行業的股票。這類基金一般很少分組，經常將投資所得的股息、紅利和盈利進行再投資，以實現資本增值。

②收入型基金。收入型基金是以追求基金當期收入為投資目標的基金，其投資對象主要是績優股、債券、可轉讓大額定期存單等收入比較穩定的有價證券。收入型基金一般把所得的利息、紅利都分配給投資者。

③平衡型基金。平衡型基金是既追求長期資本增值，又追求當期收入的基金。這類基金主要投資於債券、優先股和部分普通股，這些有價證券在投資組合中有比較穩定的組合比例，一般是把資產總額的25%~50%用於優先股和債券，其餘的用於普通股投資。其風險和收益狀況介於成長型基金和收入型基金之間。

(5) 按投資對象分類

①股票基金。股票基金即以股票為投資對象的基金，是基金中歷史最為悠久的一類。股票基金既能獲取收益，又能獲取增值，既有高風險品種，又有低風險品種，能適應多種投資者的需要。另外，股票基金為投資境外股票提供了條件。

②債券基金。債券基金是指以債券為投資對象的基金。債券基金按期限長短可分為短期債券基金、中期債券基金、長期債券基金；按投資地域可分為國際債券基金、歐洲債券基金、美國債券基金等；按幣種可分為美元債券基金、英鎊債券基金、公司債券基金。

③貨幣基金。貨幣基金是指以貨幣市場為投資對象的基金，如銀行存單、銀行票據、商業票據、短期國債等。貨幣基金的特點是：沒有首次認購費，只收取管理費，投資成本低；一般不規定經營期限，可以無限期延續下去；單位價格一般固定不變，收益率通過利率表示；資產較為龐大，可進行金融批發業務，爭取到銀行較高的利率，並可按每日計算複利；包括世界主要國家的貨幣，而且由於可以免交首次購買費，投資者可以利用很低的轉換費用，在各種貨幣基金中靈活地進行轉換。

④專門基金。專門基金是以分類行業股票為投資對象的基金，也稱次股票基金。它包括貴金屬基金、自願基金、地產基金、科技基金、小型公司基金等，投資風險較高。

⑤衍生基金。衍生基金包括期貨基金、期權基金和認股權證基金等。期貨基金是一種以期貨為投資對象的投資基金。期權基金是以期權為主要投資對象的基金，風險較小。認股權證基金是以認股權證為投資對象的基金。

3.4.3 國際投資基金的當事人

投資基金的當事人包括基金投資者、基金管理人、基金託管人。

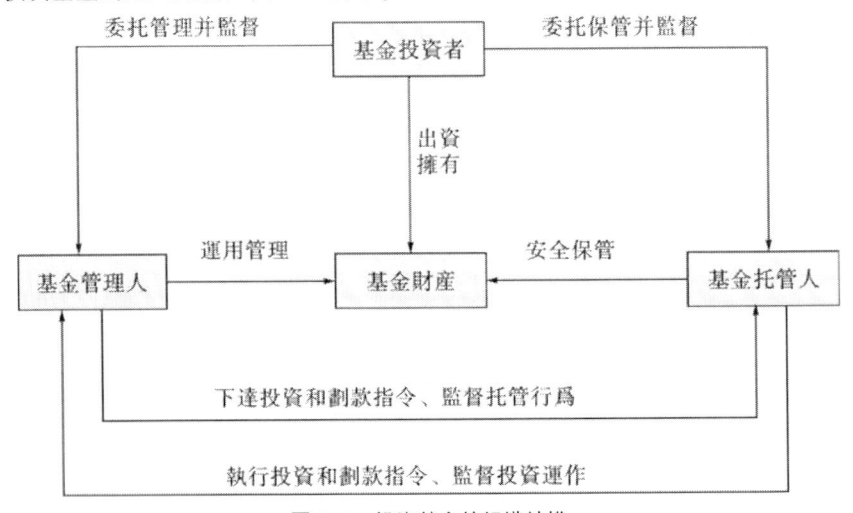

(1) 投資基金的組織結構

投資基金的組織結構如圖3-1所示。

圖3-1 投資基金的組織結構

①基金投資者出資，委托基金管理人，對基金資產進行管理和監督，並委托基金託管人對基金資產進行妥善保管和監督。

②基金管理人接受基金投資者的委托，對基金資產進行管理和監督，並向基金託管人下達投資和劃款指令，監管基金託管人的託管行為。

③基金託管人接受基金投資者的委托，對基金資產進行保管和監督，執行基金管理人有關投資和劃款的指令，並監督其投資運作。

（2）基金投資者

基金投資者即基金份額的持有人，是基金出資人和基金受益人，包括個人投資者和機構投資者。作為基金財產的最終所有人，投資者享有多項權利，同時履行相應的義務。每份基金單位代表同等的權利與義務。

（3）基金管理人

基金管理人是負責基金財產具體投資操作和日常管理的機構，由依法設立的基金管理公司擔任。基金管理人的基本職能是依法募集設立基金和管理基金財產。

契約型基金必須聘請專業的基金管理人從事基金管理，而公司型基金則可以選擇聘請或不聘請基金管理人。

（4）基金託管人

基金託管人是負責基金財產保管的機構，也是基金財產的名義持有人。《中華人民共和國證券投資基金法》規定，基金託管人由依法設立並取得基金託管資格的商業銀行擔任。基金託管人的基本職能是安全保管基金財產，監督基金管理者的投資運作以防止基金財產被挪用。

基金投資者與基金管理人之間的委托代理關係和信息不對稱，容易使基金管理人出現道德風險行為，從而損害投資者的利益。基金託管人的引入則能夠有效緩解基金投資者與基金管理人之間因信息不對稱而產生的利益衝突。

3.5 國際信貸合作

3.5.1 國際信貸合作概述

3.5.1.1 國際信貸的含義與作用

（1）國際信貸的含義

國際信貸也稱國際信用，是指國家間以償還為條件的價值運動，是由一國或幾個國家的政府、銀行或國際金融機構給第三國政府、銀行及其他自然人或法人所提供的資金融通活動。

（2）國際信貸的作用

①國際信貸有助於國際貿易的發展。第二次世界大戰以後，一些國家以提供出口信貸的方式刺激機器設備、大型成套設備的出口，國際信貸已經成為提高出口產品國際競爭力的有效手段之一。

②國際信貸為大規模的生產活動準備了大量資金，從而有利於發展生產。發達國家通過國際信貸，大大提高了相對富餘的資本和貨幣儲備的利用率，同時也提高了本國的福利水平。發展中國家也通過國際信貸這一方式，彌補了其資金缺口，促進了本國經濟的發展。

③國際信貸有利於跨國公司的發展。跨國公司通過國際信貸，在全球市場上尋求有利可圖的投資場所，既是國際信貸資金的提供者，也是國際信貸資金的使用者。

④國際信貸有利於調節國際收支。國際貨幣基金組織向成員國所提供的資金就具有改善貸款國國際收支狀況和穩定該國對外匯率的作用。

3.5.1.2 國際信貸的分類

(1) 按國際信貸的性質分類

①貿易信貸。貿易信貸是為促進本國的出口貿易而提供的貸款，主要包括短期信貸和中長期信貸。

短期信貸多用於原料、糧食、半製成品和消費品等的貿易，其期限一般不超過1年。貿易信貸只限於為合同規定的商品交易提供資金融通，以促進交易的完成。

中長期信貸則是西方國家增強本國大型設備的國際競爭能力，爭奪銷售市場的一種手段。這些國家為了達到促進出口的目的，積極鼓勵本國銀行向本國出口商或外國進口商發放利率優惠的貸款，並提供利息貼補和信貸擔保。

②資本信貸。資本信貸即國際中長期貸款，一般用於建立企業、建設公共設施、增加固定資產投資、購買機器設備以及支付技術援助等方面。

長期信貸多為10年左右，也有長達40年甚至50年的。長期信貸一般有銀行貸款、發行債券、存款單、工程項目貸款、國際租賃、政府貸款和國際金融機構等多種融資方式。

(2) 按貸款期限分類

按貸款期限，可將國際信貸分為短期貸款（不超過1年）、中期貸款（1年以上，一般為2~5年）和長期貸款（5年以上）。

(3) 按貸款的利率分類

按貸款的利率，可將國際信貸分為無息貸款、低息貸款、高息貸款。

(4) 按貸款使用的貨幣和優惠情況分類

按貸款使用的貨幣和優惠情況，可將國際信貸分為硬貸款和軟貸款。

①硬貸款。硬貸款是國家開發銀行利用借入的資金（包括在國外發行的債券和利用的外資）發放的貸款，包括基本建設貸款和技術改造貸款，貸款條件較為嚴格。世界銀行提供的貸款通常是硬貸款。

②軟貸款。所謂軟貸款，就是國家開發銀行作為政策性銀行，可以通過政府或國有公司的融資平臺進行貸款。該貸款允許用於國家確定的重點建設項目的資本金或股本投入，這是軟貸款與商業銀行硬貸款的最大區別。軟貸款利息低、還款期限長。國際開發協會多提供軟貸款。

（5）按貸款來源分類

①政府信貸。政府信貸是指由各國政府提供的優惠信貸。

②國際商業銀行信貸。國際商業銀行信貸是指由各大商業銀行提供的信貸。

③國際金融機構信貸。國際金融機構信貸是指由國際金融機構提供的信貸。

（6）按貸款用途和支付方法分類

按貸款用途和支付方法，可將國際信貸分為平衡國際收支貸款、建設項目貸款、商品貸款和自由外匯貸款。

3.5.2 政府貸款

3.5.2.1 政府貸款的概念、特點和分類

（1）概念

政府貸款亦稱外國政府貸款或雙邊政府貸款。它是指一國政府利用其財政資金向另一國政府提供的優惠性貸款。

（2）特點

政府貸款是各類貸款中優惠程度最高的一種，具有以下特點：

①期限較長。償還期一般為20～30年，最長可達50年，其中還含有5～10年的寬限期。

②利率較低。一般年利率為2%～3%。

③資金主要來源於各國的財政撥款。

政府貸款必須由各國的中央政府經過完備的立法手續加以批准後才能提供。

（3）分類

按貸款條件，可將政府貸款分為如下四類：

①軟貸款或政府財政性貸款。這類貸款又分為無息貸款和低息貸款兩種，一般還款期限都比較長，且主要貸給非營利的開發性項目。

②混合型貸款。它將政府的財政性貸款與一般的商業性貸款混合在一起，其優惠程度處於財政性貸款和一般商業性貸款之間。

③政府財政性貸款與出口信貸相結合的貸款。政府貸款中一般含有一定的贈予成分。根據國際慣例，屬於官方發展援助的政府貸款，其贈予成分必須在25%以上。

④將一定比例的贈款與出口信貸相結合的貸款。

3.5.2.2 政府貸款的條件

政府貸款的提供者一般是發達國家或有能力提供貸款的國家，這些國家往往根據本國的政治和經濟需要，制定不同的貸款條件，可分為以下六類：

第一，必須以現匯還款。

第二，必須以政府的名義接受貸款。

第三，具有特定的使用範圍。

第四，通常具有限制性採購條件。即借款國所得的政府貸款僅限於購買貸款國的產品。

第五，借款國在使用政府貸款時要連帶使用一定比例的出口信貸，以擴大貸款國的商品出口。

第六，通常有一定的政治條件。如有些國家在發放政府貸款時，要求借款國在政治傾向、人權等方面做出承諾。

3.5.2.3 政府貸款的發放程序

政府貸款的發放一般經過以下程序：

(1) 申請貸款

借款國通過對所需貸款的建設項目進行可行性研究，編制出可行性研究報告、建設項目實施計劃書以及其他有關貸款申請文件後，一般可經本國駐貸款國的大使館向貸款國政府轉達貸款申請。

(2) 審查與承諾

貸款國政府對申請貸款文件進行研究與審查，在認為可行的情況下，結合本國情況，研究決定貸款的金額、利率、適用條件和償還期限等。其做出的決定由外交部門通知貸款國。

(3) 協商與簽字

兩國政府就貸款條件和事項進行協商，達成協議後，簽字並宣布生效。

(4) 貸款項目的實施

待簽字完成，貸款國便進行貸款數額的發放。

(5) 貸款項目的總結評價和還本付息

發放貸款之後，借款國需按期向貸款國報告資金使用情況、項目進展情況等，以便貸款國進行總結評價。此外，借款國還應及時還本付息。

3.5.3 國際金融機構貸款

國際金融機構貸款是指全球性國際金融機構以及地區性國際金融機構所提供的各類貸款。國際金融機構是指從事國際金融管理和國際金融活動的超國家性質的組織機構。它能夠在重大的國際經濟金融事件中協調各國的行動，提供短期資金以緩解國際收支逆差、穩定匯率，並提供長期資金以促進各國經濟發展。全球性國際金融機構主要包括國際貨幣基金組織（IMF）、世界銀行（WB）和國際農業發展基金會（IFAD）等。地區性國際金融機構主要包括亞洲發展銀行、非洲開發銀行、泛美開發銀行、國際清算銀行、歐洲投資銀行、亞洲基礎設施投資銀行（簡稱亞投行）等。

3.5.3.1 世界銀行貸款

世界銀行是聯合國下屬的經營國際金融業務的機構，包括國際復興開發銀行、國際金融公司、國際開發協會、多邊投資擔保機構和國際投資爭端解決中心五大機構。其中國際復興開發銀行、國際開發協會和國際金融公司屬於援助性的國際金融機構。

(1) 世界銀行貸款的特點

①貸款對象主要包括借款國政府、國有企業和私營企業。若借款人不是政府，則需要政府擔保。

②貸款只貸給那些確實不能以世界銀行認為合理的條件從其他途徑得到資金的會員國。

③貸款期限為 20~30 年，寬限期為 5~10 年。貸款必須如期歸還。貸款僅限於有償還能力的會員國，貸款到期後必須足額償還，不得延期。

④貸款必須用於世界銀行批准的特定項目，主要集中於能源、農業及農村發展和交通運輸等部門。世界銀行十分重視項目的選定工作，對項目的選定一般採取以下方式：與借款國開展各個方面的經濟調研工作；制定貸款原則，明確貸款方向；與借款國商討貸款計劃；派出項目鑒定團。

⑤貸款利率比較優惠，比市場利率要低一些，對貸款收取的雜費也較少，只對簽約後未支付的貸款收取 0.75% 的承諾費。

(2) 世界銀行的資金來源

①會員國繳納的股金。世界銀行會員國認繳的股金分為兩個部分：一是會員國的實繳股金，約占全部認繳股份的 20%；二是待繳股金，約占全部認繳股份的 80%，作為銀行債務責任的擔保資金。1980 年起，各會員國的實繳股金比重下降到 7.5%。

②借入資金。世界銀行主要通過在各國和國際金融市場上發行債券來籌措資金。

③出讓銀行債券。世界銀行將貸出款項的債權轉售給私人投資者，以擴大其貸款資金的週轉能力。

④世界銀行的淨收益。世界銀行的淨收益主要來自於利息收入和投資收益。

(3) 世界銀行的貸款種類

①具體投資貸款。具體投資貸款又稱項目貸款。在世界銀行所從事的技術援助活動中，項目貸款占 90% 以上，其發放必須與具體的建設項目相聯繫。發放這種貸款的目的是提高發展中國家的生產能力和增加現有投資的產出。

②結構調整貸款。結構調整貸款在一般情況下很少使用，該類貸款主要用於幫助借款國克服經濟困難，特別是克服國際收支不平衡的困難。

③部門貸款。部門貸款可分為部門投資貸款、部門調整貸款和中間金融機構貸款。

部門投資貸款投放的目的在於幫助發展中國家有關機構制定和執行部門投資計劃，改善部門政策和投資計劃。部門調整貸款的目的在於幫助借款國的具體部門進行全國的政策調整和體制改革。中間金融機構貸款主要是通過受援國的中間金融機構將世界銀行的貸款轉貸給具體的項目實施者。

④技術援助貸款。技術援助貸款旨在為發展中國家制定國民經濟規劃、改革國有企業和改善機構的經營管理提供幫助。

⑤緊急復興貸款。緊急復興貸款是世界銀行向那些由於自然災害或某些社會因素而造成重大損失的發展中國家提供的貸款。

3.5.3.2 國際貨幣基金組織貸款

國際貨幣基金組織（IMF）是聯合國的專門機構，在經營上有其獨立性，與世界銀行並列為世界兩大金融機構。其職責是監察貨幣匯率和各國貿易情況、提供技術和資金協助，確保全球金融制度運作正常。2015 年 12 月 1 日，國際貨幣基金組織宣布將人

民幣納入特別提款權（Special Drawing Right，SDR）貨幣籃子。

（1）國際貨幣基金組織的貸款特點

①貸款僅限於會員國的財政部、中央銀行、外匯平準基金組織或其他類似的國家機構。

②貸款用途僅限於解決會員國國際收支不平衡，一般用於貿易和非貿易的經常項目支付。

③貸款額度與其繳納的份額大小成正比，且受限於份額。

④貸款無論採用什麼貨幣，都以特別提款權計值，利息也用特別提款權支付。

⑤貸款的期限短，一般為3~5年。

（2）國際貨幣基金組織的資金來源

國際貨幣基金組織的資金主要來自於會員國繳納的份額、國際貨幣基金組織的借款以及其他收入。

（3）國際貨幣基金組織的貸款形式

①提款權與特別提款權。會員國能從國際貨幣基金組織獲得的貸款統稱為提款權或普通提款權。

特別提款權（SDR）是會員國國際流通手段不足時，由國際貨幣基金組織根據需要，並按各參加特別提款權帳戶的會員國在基金組織繳納的份額所占的比重分配給會員國的除普通提款權之外的一種使用資金的特別權力。特別提款權主要以國際儲備的形式協助會員國調整國際收支。

②普通貸款。普通貸款亦稱普通提款權或基本信用設施，一般用於彌補會員國一般性的國際收支逆差，貸款期限為3~5年。它由儲備份額貸款和信用部分貸款組成。

當會員國出現國際收支困難時，可無條件地提取儲備份額貸款，但這部分貸款數不超過自己所繳納份額的25%。

普通貸款中除去25%的儲備貸款外的部分就是信用部分貸款。

③特別貸款。特別貸款包括出口波動補償貸款和緩衝庫存貸款。

④其他貸款。其他貸款主要包括中期貸款、臨時性信用措施貸款和結構調整貸款。

3.5.3.3　亞洲基礎設施投資銀行貸款

亞洲基礎設施投資銀行，簡稱亞投行，是一個政府間性質的亞洲區域多邊開發機構，重點支持基礎設施建設。亞投行於2015年12月25日正式成立，總部位於北京。

作為由中國提出並設立的區域性金融機構，亞投行的主要業務是援助亞太地區國家的基礎設施建設，通過貸款、股權投資以及提供擔保等形式向交通、能源、電信、農業和城市發展等行業提供融資支持。

亞投行與現有多邊開發銀行是互補而非競爭關係。亞投行側重於基礎設施建設，而現有的世界銀行、亞洲開發銀行等多邊開發銀行則強調以減貧為主要宗旨。從歷史經驗看，包括亞洲開發銀行和歐洲復興開發銀行在內的區域性多邊開發銀行的設立，不僅沒有削弱世界銀行等現有多邊開發銀行的影響力，而且增加了多邊開發性金融機構的整體力量，更有力地推動了全球經濟的發展。亞投行將致力於促進亞洲地區基礎

設施建設和互聯互通，其中包括「一帶一路」沿線亞投行成員國的相關基礎設施建設項目。

自2016年1月16日開業以來，亞投行於2016年3月、6月、9月分別舉行了三次董事會會議，共決定了2批6個項目的名單，包括塔吉克斯坦到烏茲別克斯坦邊境的高速公路改善項目、巴基斯坦的M4高速公路（紹爾果德至哈內瓦爾段）項目、孟加拉國的電力輸送升級和擴容項目、印度尼西亞的貧民窟升級項目、巴基斯坦的水電站擴建工程和緬甸的225兆聯合循環燃氣輪機發電廠項目。

3.5.4 國際銀行貸款

國際銀行貸款是指一國借款人在國際金融市場上向外國貸款銀行借入貨幣資金，通常又稱自有外匯貸款。

3.5.4.1 國際銀行貸款的分類

（1）按國際銀行貸款的方式分類

①雙邊中期貸款，也稱獨家銀行貸款。雙邊中期貸款指兩國的銀行與企業或銀行與銀行簽訂信貸協議。

②銀團貸款。銀團貸款是指幾家銀行組成的銀行集團提供信貸。銀團貸款一般金額較大，貸款期也較長。

（2）按國際銀行貸款的期限分類

①短期信貸。短期信貸的借貸期限通常在1年以內。短期信貸可分為銀行與銀行間的信貸（銀行同業拆借）、銀行與非銀行客戶間的信貸。

②中長期信貸。中長期信貸是指貸款期限在1年以上的貸款。由於中長期貸款期限長、金額大，所以其利率相對較高。

（3）按貸款對象分類

①對企業放款。對企業放款是指國際商業銀行信貸的借款人為各國企業。隨著國際貿易的不斷擴大，各國企業的進出口業務大量增加，對外資金需求總量也急遽增加。而國內銀行由於各種因素而無法滿足用匯企業的全部需要，這在客觀上促使企業把籌借外資的對象轉向國際商業銀行。同時，一部分銀行為促進所在國出口的擴大，採用買方信貸的方式主動向進口企業提供貸款。

②銀行間放款。銀行間放款的雙方均是銀行。國際銀行間的相互借貸，為國際直接投融資提供了便利，推動了國際金融合作的發展。

③對外國政府機構及國際經濟組織的放款。國際銀行對外國政府機構的貸款在20世紀70年代起了重要作用，到20世紀90年代又顯出它的重要性。

3.5.4.2 銀團貸款

銀團貸款也稱辛迪加貸款，從廣義上講是指由兩家或兩家以上的金融機構通過一個共同的借貸文件向某一借款人提供的信貸，從狹義上講是指由借款人所在國以外的一家或多家金融機構承銷，邀請世界各地的金融機構參與，向借款人提供其所在國貨幣以外的以其他貨幣計值的信貸。

國際銀團貸款可分為直接銀團貸款和間接銀團貸款。

(1) 直接銀團貸款

直接銀團貸款是指各個貸款銀行與借款人直接簽訂貸款協議，或通過代理銀行代表它們同借款人簽訂貸款協議。在直接銀團貸款中，每個貸款銀行的貸款義務僅限於它們所承諾的部分，且對其他銀行的貸款義務不承擔任何責任。

(2) 間接銀團貸款

間接銀團貸款也稱參與式銀團貸款，是由牽頭銀行向借款人提供貸款，然後在不通知借款人的情況下將參與貸款權出售給其他願意提供貸款的銀行。這些銀行即為參與貸款銀行，它們將按各自承擔的數額向借款人提供貸款，而牽頭銀行要負責整個貸款的管理工作。

3.5.4.3 國際銀行貸款的條件

(1) 貸款幣種

對於貸款貨幣，貸款方應選擇在國際金融市場上匯價堅挺並能自由兌換、幣值穩定、可以作為國際支付手段或流通手段的硬貨幣。但對於借款方而言，選擇軟硬幣也可以從軟幣匯率的下跌上得到好處。所以還需要結合貨幣利率來進行選擇。借貸雙方可以選擇的貸款幣種包括借款國的貨幣、貸款國的貨幣、第三國貨幣和某種複合貨幣。

(2) 貸款利率

歐洲貨幣市場上商業銀行的貸款利率主要以倫敦銀行同業拆借利率加一等的加息率來計算。加息率以基點為單位，一個基點等於 0.01%。加息率是反應銀團貸款價格高低的關鍵指標。

(3) 貸款費用

貸款費用包括：承擔費，也叫承諾費；管理費，即手續費；代理費，即代理銀行在經辦各項具體事項時發生的費用；雜費，這是銀團貸款中才有的費用，包括牽頭銀行和借款方進行聯繫、磋商、談判直到簽訂貸款協議前所發生的一切費用；遲付本息的罰款；等等。

(4) 貸款期限和償還

根據借款期限，可將國際銀行貸款分為短期貸款、中期貸款和長期貸款，短則 3~5 年，長則 10~20 年。貸款的期限比較靈活，由提款期、寬限期和還款期構成。

提款期也稱承諾期，是指借款人可以提取貸款的有效期限，一般從合同生效之日起至一個規定的日期終止。如果借款人在提款期到期時沒有提取完全部貸款，則未提取部分全部取消，借款人今後在該合同項下不得再提取貸款。寬限期是指借款人提取貸款並可充分使用貸款的時期，借款人在寬限期內無須償還貸款本金，只需按期支付利息。還款期是指借款人分期償還貸款本金並支付利息的時期。

資金本金償還方式有三種方式：到期一次償還、分次等額償還、逐年分次等額償還。

習題

一、單選題

1. 國際貨幣基金組織產生於（　　）。
   A. 金本位制度　　　　　　B. 布雷頓森林協議
   C. 浮動匯率制度　　　　　D. 廣場協議
   答案：B

2. 特別提款權（SDR）不具備的職能是（　　）。
   A. 價值尺度　　　　　　　B. 支付手段
   C. 貯藏手段　　　　　　　D. 流通手段
   答案：D

3. 外國人在美國證券市場上發行的美元債券通常稱為（　　）。
   A. 武士債券　　　　　　　B. 揚基債券
   C. 猛犬債券　　　　　　　D. 熊貓債券
   答案：B

4. 與貨幣市場相比，資本市場具有以下哪個特點（　　）。
   A. 流動性好　　　　　　　B. 期限短
   C. 收益低　　　　　　　　D. 風險高
   答案：D

5. 當金融危機來臨時，發揮重要的「最後貸款人」的職能的國際金融機構是（　　）。
   A. 世界銀行　　　　　　　B. 國際清算銀行
   C. 國際貨幣基金組織　　　D. 國際金融公司
   答案：C

二、簡答題

1. 國際企業在考慮使用債務融資還是權益融資的問題時，需要考慮哪些因素？

答：債務融資是指企業通過向個人或機構投資者出售債券、票據來籌集營運資金；權益融資是通過擴大企業的所有權益，如吸引新的投資者、發行新股、追加投資等，而不是出讓所有權益或出賣股票來實現融資。權益融資的後果是稀釋了原有投資者對企業的控制權。國際企業在考慮使用何種方式融資時需要注意以下因素：

（1）企業當前的償債能力與營運狀況。債務融資籌集的資金具有使用上的時間性，需到期償還，且企業還具有還本付息的義務，所以需要企業具有相應的償債能力；而權益融資籌措的資金具有永久性，無到期日，無須歸還。

（2）企業能夠承擔的融資風險。權益融資方式預期收益較高，需要承擔較高的融

資成本，經營成本較大；而債務融資方式經營風險比較小，預期收益也較小。

（3）企業的融資規模與期限。若企業的融資規模較大、期限較長，則可選擇債務融資中的發行企業債。這種方式比銀行貸款更具優勢，因為企業債券融資的規模大、期限長，而且可以鎖定成本，為公司拓展一條嶄新的融資渠道，改善企業財務結構，避免單純依賴銀行貸款所帶來的財務風險。

2. 國際金融中心的形成必須具備哪些條件？

答：國際金融中心是指聚集了大量金融機構和相關服務產業，全面、集中地開展國際資本借貸、債券發行、外匯交易、保險等金融服務業的城市或地區。國際金融中心的形成必須具備以下條件：

（1）政治、經濟穩定。該地區必須可以提供穩定的政治、經濟環境。
（2）金融體系發達。只有發達的金融體系才能滿足客戶交易的需要。
（3）外匯市場發達。
（4）外匯管制較鬆。資本流動方便，可以降低交易成本。
（5）擁有現代化通信、交通等服務設施。這可以增加人流量，促進貿易的發展。

三、論述題

結合歐洲一體化理論與發展實踐，對當前歐洲債務危機發生的根源進行評析。

答：所謂歐洲一體化，是指歐洲經濟聯盟成員國在貨幣金融領域進行合作，協調貨幣金融關係，最終建立一個統一的貨幣體系。其實質是這些國家集團為了貨幣金融領域的多方面合作而組成的貨幣聯盟。這種貨幣一體化有三個典型象徵：

（1）匯率的統一，即貨幣聯盟成員國之間實行固定匯率制，對外則實行統一的浮動匯率制。
（2）貨幣的統一，即貨幣聯盟發行單一的共同貨幣。
（3）機構的統一，即建立統一的中央貨幣機關，發行共同的貨幣，規定有關聯盟的國家以及保管各成員國的國際儲備。

歐洲貨幣一體化對本區域的國際收支、匯率制度、國際貨幣體系乃至經濟貿易的發展都產生了重大影響。

歐洲貨幣一體化的發展實踐。歐洲共同體的貨幣一體化，從20世紀60年代末即開始擬議並逐步實施。歐洲貨幣一體化大致經歷了魏爾納計劃、歐洲貨幣體系、德洛爾計劃與《馬斯特里赫特條約》等階段。歐洲貨幣一體化的完成與歐元的產生，是世界經濟史上一個具有里程碑意義的事件。它將對歐盟內部成員國的經濟活動，以及世界其他國家的經濟往來和國際金融市場、國際貨幣體系的運作與發展等方面，產生重大而深遠的影響。

當前歐債危機發生的根源主要包括以下幾個方面：

（1）貨幣制度與財政制度不能統一，協調成本過高。根據有效市場分配原則，貨幣政策服務於外部目標，主要維持低通脹，保持對內幣值穩定，而財政政策服務於內部目標，主要著力於促進經濟增長，解決失業問題，從而實現內外均衡。歐元區一直以來都是世界上區域貨幣合作最成功的案例，然而美國次貸危機爆發使得歐元區長期

被隱藏的問題凸現出來。

（2）歐盟各國勞動力無法自由流動，各國不同的公司稅稅率導致資本的流入，從而造成經濟的泡沫化。最初蒙代爾的最優貨幣區理論是以生產要素完全自由流動為前提，並以要素的自由流動來代替匯率的浮動。歐元體系只是在制度上放鬆了人員流動的管制，而由於語言、文化、生活習慣等因素的存在，歐盟內部勞動力並不能完全自由流動。

（3）歐元區設計上沒有退出機制，出現問題後協商成本過高。由於在歐元區建立的時候沒有充分考慮退出機制，這給以後歐元區的危機處理提出了難題。目前，個別成員國在遇到問題後，只能通過歐盟的內部開會討論來解決成員國出現的問題，市場也隨著一次次的討論而跌宕起伏，也正是一次次的討論使得危機不能得到及時解決。歐元區銀行體系互相持有債務令危機牽一髮而動全身。近年來，歐洲銀行業信貸擴張非常瘋狂，致使其經營風險不斷加大，其總資產與核心資本的比例甚至超過受次貸危機衝擊的美國同行。

4 國際技術貿易

4.1 國際技術貿易概述

4.1.1 技術的含義及特點

(1) 技術的含義

技術就是通過改造環境以實現特定目標的特定方法。技術涵蓋了人類生產力發展水平的標誌性事物，是生存和生產工具、設施、裝備、語言、數字數據、信息記錄等的總和。

世界知識產權組織在1977年出版的《供發展中國家使用的許可證貿易手冊》中對技術的定義是：技術是製造一種產品的系統知識、所採用的一種工藝或提供的一項服務，不論這種知識是否反應在一項發明、一項外形設計、一項實用新型產品或者一種植物新品種上，或者反應在技術情報或技能中，或者反應在專家為設計、安裝、開辦、維修一個工廠或為管理一個工商業企業或其活動而提供的服務或協助等方面。

(2) 技術定義的三要素

①技術的條件性。技術是有條件的，或者說是有前提的、有特定環境要求的。一種技術必然是在一個或幾個明確的或默示的條件規定下的特定環境內有效的方法。因為世界是客觀的，科學規律是客觀的、有條件的，所以技術必須符合科學規律才能發揮作用。顯然，技術要受到客觀環境的制約，只有在特定條件下才能起作用。技術的條件性要求我們在應用技術時要認真考察我們的目標環境是否適合這項技術的應用。

②技術的抽象性。技術是總結出來的一種方法，是抽象的而非具體的。它源於實踐活動又高於實踐活動。技術對環境的要求是隨著人們認識的深入而變化的，在一個生產活動中，一種技術的應用只考慮了環境中的一個或幾個特定變量，而忽略了其他環境變量，這是必然的。這些被忽略的環境因素也可以影響技術發揮作用，人們對技術的認識需要一個過程。技術的抽象性要求我們在應用技術時必須有意識地把技術和實際聯繫起來，並注意到任何總結出來的技術都不是一成不變的，而是不斷變化和完善的。

③技術的目的性。技術之所以不同於科學就在於技術是為了滿足人的需要的行動方法。技術是有目的的，是以人為本的，技術的價值也正在於此。沒有目的，技術就不成為技術了。

(3) 技術的特點

技術具有一些顯著的特點：技術屬於知識範疇，但它是用於生產或是有助於生產的知識；技術是生產力，但技術是間接的生產力；技術是商品，但它是一種特殊的商品，它比現有技術具有更高的經濟價值、更多的選擇性以及條件性等。

4.1.2 國際技術貿易的產生與發展

技術在國家間的轉讓由來已久，早在公元6世紀，中國的養蠶和絲織技術就曾通過絲綢之路傳到中亞、西亞和歐洲各國。10世紀至15世紀，中國的造紙、火藥、印刷術相繼傳到西方。16世紀初，德國的機械表製造技術和義大利的眼鏡生產技術也先後傳到日本和中國。16世紀之前，英國的技術水平還遠遠落後於歐洲大陸，英國的工業是在引入歐洲大陸先進的工匠技術的基礎上發展起來的。但是，18世紀以前的技術轉讓還不屬於現代意義上的技術貿易，這主要表現在兩個方面：一是轉讓的手段落後，國家間的技術轉讓主要是工匠技能的傳播，而不是許可權的轉讓；二是傳播的時間較長，中國的養蠶和絲織技術用了1,800多年才傳到歐洲，造紙、火藥和印刷術傳到歐洲也用了600多年，而義大利的眼鏡生產技術和德國的機械表製造技術則分別用了300年和100多年的時間才傳到日本和中國。

現代意義的技術貿易是通過技術的商品化，並伴隨著資本主義商品經濟的發展而逐步發展起來的。進入18世紀以後，隨著工業革命的開始，資本主義的大機器生產逐步代替了封建社會的小農經濟，這為科學技術提供了廣闊的場所，並出現了以許可合同形式進行交易的技術貿易。19世紀以來，隨著西方各國技術發展速度的加快和技術發明數量的不斷增多，絕大多數國家都建立了以鼓勵發明製造為宗旨的保護發明者權利的專利制度，這促進了以許可合同形式出現的國際技術貿易的迅速發展。第二次世界大戰以後，科學技術在經濟發展中所起的作用日益重要，國家間經濟上的競爭實際上表現為技術的競爭。為此，技術已作為一種特殊的商品成為國際貿易的主要對象，這就使得二戰後的技術貿易額不斷增加。20世紀60年代中期，技術貿易的年成交額僅為27億美元，20世紀70年代中期增至110億美元，到20世紀80年代中期已激增到500億美元左右。20世紀90年代，國際技術貿易的年成交額超過了1,000億美元，進入21世紀以後，國際技術貿易額激增至5,000億美元，其增加的速度不僅高於貨物貿易，也高於一般服務貿易。國際技術貿易已經成為國際貿易的主要組成部分。

4.1.3 國際技術轉讓與國際技術貿易

國際技術轉讓也稱國際技術貿易，是指技術所有者或持有者通過某種特定的形式將其所持有的生產、經營技術以及相關的權利有償讓與他國的技術需求者的過程。聯合國在《國際技術轉讓行動守則草案》中，對技術轉讓下了一個定義，稱技術轉讓是指關於製造產品、應用生產方法或提供服務的系統知識的轉讓，但不包括貿易的單純買賣或租賃。國際技術轉讓與國際技術移動不同，國際技術移動是指技術從一個國家向另一個國家移動，即技術的位移，這種位移可以發生在不同國家與地區之間，也可以發生在同一國家內的不同地區之間。而國際技術轉讓指的是技術的所有者將技術的

所有權或使用權賦予另一國的其他人,即技術的所有權或使用權的轉讓。

國際技術轉讓分為有償的技術轉讓和無償的技術轉讓兩種。有償的技術轉讓是一種商業性質的技術買賣,無償的技術轉讓則屬於非商業性質的技術援助。凡是通過雙邊政府間的帶有援助性經濟合作或科學技術交流等形式所進行的技術轉讓,均屬於無償或非商業性質的技術援助;而通過貿易途徑並以企業為交易主體的技術轉讓則屬於有償或商業性質的技術轉讓。有償的技術轉讓實際上是一種貿易活動。因此,有償的國際技術轉讓也被稱為國際技術貿易。

國際技術貿易是指不同國家的企業、經濟組織或個人之間,按照一般商業條件,向對方出售或從對方購買軟件技術使用權的一種國際貿易行為。它由技術出口和技術引進這兩方面組成。簡言之,國際技術貿易是一種國家間的以純技術的使用權為主要交易標的的商業行為。技術貿易既包括技術知識的買賣,也包括與技術轉讓密切相關的機器設備等貨物的買賣。國際技術貿易交易標的物是無形技術知識,而商品貿易交易的對象是有形實物商品。同時,國際技術貿易轉讓的是技術使用權,技術接受方不能取得技術標準的所有權,而商品貿易則是商品的使用權和所有權同時轉讓。

4.1.4 國際技術貿易的特點與發展趨勢

(1) 國際技術貿易的特點

國際技術貿易是以技術作為交易內容,在國家間發生的交換行為,必然遵循商品交換的一般規律。但是,由於技術這類商品有自己的特點,在某些方面不同於物質商品,因此,技術貿易也不同於一般的商品貿易,形成了相對獨立的世界技術市場。

①標的物不同。一般商品貿易的標的物是各種具體的物質產品。而技術貿易的標的物是知識產品,是人們在科學實驗和生產過程中創造的各種科技成果。

②形態不同。一般商品貿易是有形貿易,是看得見、摸得著的物質產品。技術貿易則是無形貿易,無法稱量也難以檢驗其質量,不能以大小、輕重來衡量。技術革新、創造發明可能是一個數學公式、一項原理、一項設計,可以寫在紙上,也可以記錄在錄音帶上,但是,文字和錄音只是技術的載體,可以表示技術的內容,並不是技術本身。

③所有權轉移不同。商品所有權是指對商品的佔有、使用、處分的權利。一般商品的所有權隨貿易過程發生轉移,原所有者不能再使用和出賣,而技術貿易過程一般不轉移所有權,只轉移使用權,絕大多數情況下是技術轉讓後,技術所有權仍屬技術所有人,因而一項技術不需要經過再生產就可以多次轉讓。這與技術商品的特點有關,因為技術商品的所有權與使用權可以完全分開,技術轉讓只是擴散技術知識,轉讓的只是使用權、製造權、銷售權而並非所有權。

④貿易關係不同。一般商品貿易只是簡單的買賣關係,錢貨兩清,貿易關係終結。技術貿易則是一種長期合作關係,一項技術從一方轉移到另一方,往往須經過提供資料、吸收技術、消化投產,最後才完成技術貿易行為。因此,技術交付不是雙方關係的終結,而是雙方關係的開始。技術貿易雙方通常是「同行」,因而能進行合作,但也會存在潛在利益衝突和競爭關係。

⑤貿易條件不同。一般商品貿易條件比較簡單,而技術貿易的條件非常複雜,包

括轉移技術內容專利使用範圍、承擔的義務和責任等。由於技術市場本質上是賣方市場，因此一般而言，技術引進方總是處於較被動的地位，特別是當今世界各國都非常重視科學技術進步對經濟發展的作用，對新技術的需求量大，這使得世界技術貿易的賣方市場特徵更加明顯，技術供給方常常利用提供新技術附帶一些限制性條款。

⑥作價和價格構成不同。一般物質商品的價值量是由生產該商品的社會必要勞動時間決定的，而技術商品的價值量是由該技術發明所需的個別勞動時間直接構成。因為新技術具有的先進性、新穎性特點是社會唯一的，不可能形成社會平均必要勞動時間。同時新技術又具有壟斷性、獨占性的特點，這就決定了技術商品作價原則的特殊性。技術商品的價格構成也比一般物質商品複雜得多。

（2）國際技術貿易的發展趨勢

國際技術貿易是國際經濟貿易中的一個特殊領域。它是以技術為貿易對象的國際經濟貿易活動，通常比一般國際商品貿易複雜得多。知識經濟時代，發達國家將加速高新技術的研究開發和應用，而發展中國家通過單純學習別國技術和經驗而趕上發達國家的難度將增大，「後發優勢」的作用將日趨減弱。以信息技術為代表的新興產業技術不僅改變了技術本身的發展方向，而且影響了整個國際技術貿易的內容、規模與方法。國際技術貿易也開始出現新的發展趨勢。

①國際技術貿易額增長速度因科技革命的迅猛發展而大大加快。隨著科學技術向深度、廣度發展以及技術壽命週期的縮短，科技領域的競爭將愈加激烈，科研成果形成的費用也會越來越高。因此，積極參與科技領域的國際分工和高技術領域的國際合作、不斷發展技術貿易、廣泛吸收別國先進技術已成為各國的共同選擇。

②國際技術貿易內容向「知識型」「信息型」技術傾斜。知識經濟時代，發展最快的是信息產業，信息技術已成為經濟發展的主要手段和工具。在全球生產總值中，已有2/3以上的產值與信息行業有關。發達工業化國家的信息技術產品出口占總出口的比重越來越大。由於信息技術對生產經營與市場競爭的重要性日益突出，有關信息產業的交易額已急遽增加。

③高新技術在國際技術貿易壟斷性增強的同時競爭更加激烈。知識經濟時代，國際市場的競爭空前激烈，而競爭的實質，則主要體現在以知識為基礎的各國技術創新的實力較量。美國哈佛大學波特教授在他的《競爭優勢》一書中表示，技術對競爭的重要性，並不取決於技術的科學價值或其在產品中的顯著程度，在所有能夠改變競爭規則的因素中，技術是最重要的。出於戰略上的考慮，現在的跨國公司主要將高新技術以與國際直接投資相結合的「內部化貿易」方式轉讓，跨國公司之間也紛紛謀求建立戰略聯盟關係，提高和鞏固自己的競爭地位。

④企業兼併成為國際技術貿易的一種新方式。企業兼併是市場競爭的結果。在過去，企業兼併主要是企業間的「以強吞弱」或技術先進型企業兼併技術落後型企業，企業兼併活動中技術轉讓或貿易的成分並不明顯或者並不存在。隨著以知識為基礎的國際競爭的加強，當前的企業國際兼併活動主要體現在技術先進型企業間的「強強聯合」上，兼併的目的是進一步壯大自己實力，使自己的資金、技術和產品流通能在較短的時間裡躍上一個新臺階。這種性質的企業兼併必然伴隨著較多的國際技術轉讓或

貿易，此時的企業國際兼併事實上已成為了直接獲取國外先進技術的特殊貿易方式了。

⑤國際技術貿易環境得到大幅度改善。進入20世紀90年代，國際技術貿易環境得到了明顯的改善。大批新技術、新發明特別是信息技術的飛速發展，包括信息設施、信息網路等的廣泛運用，改變了人們獲取國外技術的觀念和手段，使國際技術貿易的效率大大提高。越來越多的國家對國際技術貿易和國際投資也開始採取比以往更加開放的政策。許多發展中國家則從過去批評和反對西方跨國公司和外資湧入的態度轉變為了歡迎和鼓勵。一批與國際技術有關的國際性、區域性協議的簽署和生效，如世界貿易組織關於《與貿易有關的知識產權協議》等，為國際技術貿易的發展創造了條件，改變了國際技術貿易的廣度和深度，促進了國際技術貿易的發展。

4.1.5　國際技術市場

國際技術市場是進行國際技術貿易的舞臺，掌握其特點可以幫助國際行銷企業充分瞭解當前國際技術市場的趨勢、地位、困難和機遇，並從中尋找正確的對策。

第一，技術貿易正逐步成為世界經濟的中心，而跨國公司在國際技術市場中起主導作用。

第二，國際技術市場呈現多極化趨勢。第二次世界大戰後，美國一直是世界上最大的技術強國，技術輸出占世界總額的50%。20世紀70年代以後，形勢發生了重大的變化。一些西歐國家、日本、新加坡、韓國、俄羅斯與東歐各國利用自己的技術所長，也成為國際技術市場的出口源之一。

第三，政府不斷干預國際技術交易，高新技術的出口受到嚴格控制。政府對高新技術出口的限制主要有兩個目的：一是政治目的，如西方國家於1949年成立的巴黎統籌委員會，長期對社會主義國家的高科技出口進行管制，試圖通過這種管制來維持和拉開與社會主義國家的軍事、經濟實力距離；二是經濟目的，如日本政府規定只能向中國輸出10年前的技術，在技術上同中國保持15~20年的距離，以便使自己在國際競爭中保持優勢地位。

第四，國際技術市場上的消費者的購買決策一般是高度理性化的系統決策。因為在國際技術市場進行交易的買賣雙方大多是某個技術領域的專家或學者，他們對該技術有很深的瞭解，因此他們在進行購買決策時一般都會考慮技術所能為自己帶來的全面影響。

第五，國際技術市場的高新技術合作越來越頻繁。新技術的研究開發需要投入巨額費用，同時還要承受巨大的風險，這就為合作研製開發高新技術提供了必要性和可能性。

4.2　國際技術貿易的內容

4.2.1　專利

4.2.1.1　專利的概念

專利（Patent）從字面上講，即是指專有的利益和權利。專利一詞來源於拉丁語

Litterae Patentes，意為公開的信件或公共文獻，是中世紀的君主用來頒布某種特權的證明，後來指英國國王親自簽署的獨占權利證書。專利是世界上最大的技術信息源，據實證統計分析，專利包含了世界科技技術信息的 90%~95%。專利就其內容而言應包括三個方面：一是獨占的實施權，即在一定期限內，發明人對其發明所享有的獨占實施權；二是受法律保護的發明創造，包括發明專利、實用新型專利和外觀設計專利；三是專利文獻，包括說明書、權利要求等。

4.2.1.2 專利的分類

專利的種類在不同的國家有不同的規定。中國專利法中有發明專利、實用新型專利和外觀設計專利三類，中國香港專利法中有標準專利（相當於大陸的發明專利）和短期專利（相當於大陸的實用新型專利、外觀設計專利）兩類，部分發達國家將專利分為發明專利和外觀設計專利。

（1）發明專利

《中華人民共和國專利法》第二條第二款對發明的定義是：「發明，是指對產品、方法或者其改進所提出的新的技術方案。」所謂產品，是指工業上能夠製造的各種新製品，包括有一定形狀和結構的固體、液體、氣體之類的物品。所謂方法，是指對原料進行加工、制成各種產品的方式。發明專利並不一定是經過實踐證明可以直接應用於工業生產的技術成果，也可以是一項解決技術問題的方案或一種構思，具有在工業上應用的可能性。但我們不能將這種技術方案或構思與單純的課題、設想相混淆，因為單純的課題、設想不具備工業上應用的可能性。發明主要體現的是新穎性、創造性和實用性。取得專利的發明又分為產品發明（如機器、儀器設備、用具）和方法發明（如製造方法）兩大類。

發明一般有三大特徵：一是發明必須是一種技術方案，如果不能在生產中被利用，則不能取得法律的保護；二是發明是對自然規律的利用，即發明是在對自然規律認識的基礎上的創新或革新；三是發明是具有最高水平的創造性技術方案，即發明比已有的技術先進。

發明有三種表現形態：一是產品發明，它是經過人們的智力勞動創造出來的新產品；二是方法發明，即創造某種物品或解決某一問題所使用的前所未有的方法；三是改進發明，即發明人對已有產品發明和方法發明所提出的具有實質性改革或創新的技術方案。

（2）實用新型專利

《中華人民共和國專利法》第二條第三款對實用新型的定義是：「實用新型，是指對產品的形狀、構造或者其結合所提出的適於實用的新的技術方案。」同發明一樣，實用新型保護的也是一種技術方案。但實用新型專利保護的範圍較窄，它只保護有一定形狀或結構的新產品，不保護方法以及沒有固定形狀的物質。實用新型的技術方案更注重實用性，其技術水平較發明而言要低一些，多數國家實用新型專利保護的都是比較簡單的、改進性技術發明，也可以稱為「小發明」。

實用新型專利的授予不需經過實質審查，手續比較簡便，費用較低，因此，關於

日用品、機械、電器等方面的有形產品的小發明，比較適用於申請實用新型專利。

(3) 外觀設計專利

《中華人民共和國專利法》第二條第四款對外觀設計的定義是：「外觀設計，是指對產品的形狀、圖案或其結合以及色彩與形狀、圖案的結合所做出的富有美感並適於工業應用的新設計。」《中華人民共和國專利法》第二十三條對其授權條件進行了規定：「授予專利權的外觀設計，應當不屬於現有設計；也沒有任何單位或者個人就同樣的外觀設計在申請日以前向國務院專利行政部門提出過申請，並記載在申請日以後公告的專利文件中。」相對於以前的專利法，最新修改的專利法對外觀設計的要求提高了。

外觀設計與發明、實用新型有著明顯的區別。外觀設計注重的是設計人對一項產品的外觀所做出的富有藝術性和美感的創造，但這種具有藝術性的創造，不是單純的工藝品，它必須具有實用性。外觀設計專利實質上保護的是美術思想，而發明專利和實用新型專利保護的是技術思想。雖然外觀設計和實用新型與產品的形狀有關，但兩者的目的卻不相同，前者的目的在於使產品形狀產生美感，而後者的目的在於使具有形態的產品能夠解決某一技術問題。

外觀設計專利的保護對象是產品的裝飾性或藝術性外表設計，這種設計可以是平面圖案，也可以是立體造型，更常見的是這兩者的結合。授予外觀設計專利的主要條件是新穎性。

4.2.1.3 專利的特點

專利屬於知識產權的一部分，是一種無形的財產，具有與其他財產不同的特點。

(1) 獨占性

獨占性即排他性。它是指在一定時間（專利權有效期內）和區域（法律管轄區）內，任何單位或個人未經專利權人許可都不得實施其專利，即不得為生產經營目的而製造、使用、許諾銷售、銷售、進口其專利產品，或者使用其專利方法，否則屬於侵權行為。

(2) 區域性

區域性是指專利權是一種有區域範圍限制的權利，它只有在法律管轄區域內有效。除了某些情況如依據保護知識產權的國際公約以及個別國家承認另一國批准的專利權有效以外，技術發明在哪個國家申請專利，就由哪個國家授予專利權，而且只在專利授予國的範圍內有效，對其他國家則不具有法律約束力，其他國家不承擔任何保護義務。但是，同一發明可以同時在兩個或兩個以上的國家申請專利，獲得批准後其發明便可以在所有申請國獲得法律保護。

(3) 時間性

時間性是指專利只有在法律規定的期限內才有效。專利權的有效保護期限結束以後，專利權人所享有的專利權便自動喪失，一般不能續展。發明會隨著保護期限的結束而成為社會公有的財富，其他人可以自由地使用該發明來創造產品。專利受法律保護的期限的長短由有關國家的專利法或有關國際公約規定。目前，世界各國的專利法對專利的保護期限規定不一。《與貿易有關的知識產權協定》第三十三條規定，專利保

護的有效期自登記之日起不得少於 20 年。

(4) 實施性

對發明者所得到的專利權，除了美國等少數幾個國家以外，多數國家都要求專利權在給予保護的國家內實施其專利，即利用專利技術製造產品或轉讓其專利。

4.2.1.4 專利權的內容

專利權的主體是指依法可以享有專利權的人，即專利權人。專利權人是指獲得了專利權，既享有權利又承擔義務的自然人、法人和其他組織的代表人。專利權人的權利也就是專利權的內容。專利權包括專利權人的人身權利和財產權利兩個方面。

(1) 人身權利

①專利的署名權。專利的署名權即發明人或者設計人有在專利文件中寫明自己是發明人或者設計人的權利。

②標記權。標記權是指專利權人有在其專利產品或者該產品的包裝上標明專利標記和專利號的權利。行使標記權可以起到宣傳作用，有助於擴大產品的銷售，同時也可以起到警示作用，使其他人瞭解這種產品是受到專利保護的，不能隨意仿造。當然，專利權人不在專利產品或其包裝上標明專利標記和專利號，並不意味著專利權人放棄了專利保護，其他人仿造專利產品仍屬於侵權行為。

③放棄權。專利權人認為自己不需要維持專利權時，可以書面聲明放棄專利權，也可以不繳納專利年費從而自動中止專利權。放棄專利權的專利技術將進入公有領域，他人可以無償使用。

(2) 財產權利

財產權利即專利權人享有佔有、使用和處分其發明創造的權利，表現為獨占權、許可實施權和轉讓權三個方面。

①獨占權。獨占權具體表現在獨占製造權、使用權、銷售權和進口權四個方面。a. 製造權：如果授予的是專利產品，就在中國境內生產製造這個專利產品。b. 使用權：如果授予的是方法專利，就在中國境內使用這個專利方法。c. 銷售權：專利權人有權在中國境內銷售這個專利產品，同時也包括專利權、專利申請權的轉讓和專利的許可實施。d. 進口權：1993 年修改的專利法增加了進口權。專利權人的進口權一般包括兩個方面的含義：一是專利權人對進口其專利產品的禁止權；二是專利權人可以自己進口專利產品以履行其在國內實施專利的義務。

②許可實施權。許可實施權是指專利權人通過簽訂許可使用合同的方式允許他人在一定條件下使用取得專利權的發明創造的全部或者部分技術的權利。在很多情況下，專利權人不願或不能自己實施專利，而是通過許可他人實施來取得收益。

③轉讓權。轉讓權包括專利申請權的轉讓和專利權的轉讓。轉讓使專利權主體發生了變更，從而使新的受讓人取得了專利權，原專利權人喪失了專利權。轉讓有兩種形式：一是合同轉讓，這通常是自願發生的，如因買賣、交換、贈予、技術入股而進行專利權的轉讓；二是繼承轉讓，這是專利權依繼承法的規定而轉移給有繼承權的人。

（3）禁止權

禁止權即禁止他人的侵權行為，是一種無形的人身權利和財產權利。專利權人有權要求侵權人停止使用、仿製、冒充其專利，並賠償損失。如果非法使用人仍不停止使用，專利權人有權要求專利管理機關對其進行行政處理或直接向人民法院提起訴訟，要求法律救濟。為什麼說禁止權是無形的人身權利和財產權利呢？這是因為如果侵權行為被制止了，專利權人的人身權利和財產權利也就得到了保護。

4.2.1.5 授予專利權的條件

發明創造要取得專利權，必須滿足實質條件和形式條件。實質條件是指申請專利的發明創造自身必須具備的屬性要求，形式條件則是指申請專利的發明創造在申請文件和手續等程序方面的要求。此處所講的授予專利權的條件，僅指授予專利權的實質條件。

（1）授予發明專利及實用新型專利的條件

①新穎性。新穎性是指在申請日以前沒有同樣的發明或者實用新型在國內外出版物上公開發表過、在國內公開使用過或者以其他方式為公眾所知，也沒有同樣的發明或者實用新型由他人向專利局提出過申請並且記載在申請日以後公布的專利申請文件中。申請專利的發明或者實用新型滿足新穎性的標準，必須不同於現有技術，同時還不得出現抵觸申請。現有技術是在申請日以前已經公開的技術。抵觸申請是指一項申請專利的發明或者實用新型在申請日以前，已有同樣的發明或者實用新型由他人向專利局提出過申請，並且記載在該發明或實用新型申請日以後公布的專利申請文件中。先申請被稱為後申請的抵觸申請。抵觸申請會破壞新穎性，防止專利重複授權必須禁止抵觸申請。

②創造性。創造性是指同申請日以前已有的技術相比，該發明或實用新型有突出的實質性特點和顯著的進步。申請專利的發明或實用新型，必須與申請日前已有的技術相比，在技術方案的構成上有實質性的差別，必須是通過創造性思維活動的結果，不能是現有技術通過簡單的分析、歸納、推理就能夠自然獲得的結果。發明的創造性比實用新型的創造性要求更高。創造性的判斷以所屬領域普通技術人員的知識和判斷能力為準。

③實用性。實用性是指該發明或者實用新型能夠製造或者使用，並且能夠產生積極效果。它有兩層含義：第一，該技術能夠在產業中製造或者使用。產業包括工業、農業、林業、水產業、畜牧業、交通運輸業以及服務業等行業。產業中的製造和利用是指具有可實施性及再現性。第二，必須能夠產生積極的效果，即同現有的技術相比，申請專利的發明或實用新型能夠產生更好的經濟效益或社會效益，如能提高產品數量、改善產品質量、增加產品功能、節約能源或資源、防治環境污染等。

（2）授予外觀設計專利的條件

授予外觀設計專利的條件與授予發明和實用新型專利的條件有所不同。外觀設計應在申請日之前，沒有在國內外出版物上公開發表過或沒有在國內公開使用過，即出版公開應以世界新穎為標準，使用公開則以國內新穎為標準。此外，外觀設計也必須

具備創造性和實用性，而且有些國家還要求外觀設計具有美感。

(3) 不授予專利的發明創造

為促進社會經濟的發展，維護良好的社會秩序和公共道德，各國都不對一些阻礙社會進步、有損社會公德的發明製造授予專利。目前，世界上大多數國家都不對以下發明創造授予專利：

①科學發現，如不能應用於工業的科學原理和理論。

②智力活動的規則與方法。

③疾病的治療與診斷方法。

④化學物質。

⑤飲食品與藥品。

⑥動植物品種以及用原子核變換方法獲得的物質。

4.2.1.6　專利侵權

(1) 專利侵權的概念

專利侵權是指在專利權的有效期內，行為人未經專利權人許可，又無法律依據的情況下，以營利為目的實施他人專利的行為。這裡所講的實施，對產品專利而言，是指製造、使用、許諾銷售、銷售和進口該專利產品；對方法專利而言，是指使用該專利方法或者使用、許諾銷售、銷售、進口依該專利方法直接獲得的產品；對工業產品外觀設計而言，是指製造、銷售、進口該外觀設計產品。其中，許諾銷售是新修正的專利法所增加的內容。

《中華人民共和國專利法》（以下簡稱《專利法》）於1985年4月1日起實施，是新中國第一部專利法。為了更好地促進中國科學技術的進步和經濟的發展，我們不斷地對專利法進行修改和完善。2000年8月25日，第九屆全國人民代表大會常務委員會對其進行了第二次修正，並於2001年7月1日起施行。隨著中國經濟的發展和專利法的不斷普及，中國專利申請量已達每年十幾萬件，相應地，專利糾紛也大幅增加。因此，我們有必要對專利侵權責任問題進行研究。

自20世紀80年代開始，全球範圍內的專利制度在《保護工業產權巴黎公約》的基礎上進入了一個更高的發展階段，以世界貿易組織的《與貿易有關的知識產權協議》為重要標誌。相應地，中國為了加入世界貿易組織，也對《專利法》進行了第二次修訂。對於專利侵權行為也做了更符合世界趨勢的規定，從傳統的「損害填補」原則發展為採取懲罰性的補救手段以充分保障權利人的權益和預防侵權行為的發生。

(2) 專利侵權行為形態

侵權行為形態是侵權行為的表現形式，是依據不同的標準對侵權行為做出的不同分類，對於明確專利侵權行為的歸責原則、責任構成等專利侵權責任問題具有重要意義。專利侵權的具體形態根據《專利法》可分為兩類：

①實施他人專利行為。這類專利侵權行為必須滿足兩個條件：未經權利人許可；以生產經營為目的。根據《專利法》第十一條，實施他人專利行為具有以下三種具體形式：

a. 製造、使用、許諾銷售、銷售或進口他人發明的專利產品或實用新型專利產品；
　　b. 使用他人發明的專利方法以及使用、許諾銷售、銷售或進口依照該方法直接獲得的產品；
　　c. 製造、銷售或進口他人的外觀設計專利產品。
　　②假冒他人專利行為。這類專利侵權是指侵害專利權人的標記權，根據《中華人民共和國專利法實施細則》第八十四條，假冒他人專利行為有以下四種形式：
　　a. 未經許可，在其製造或者銷售的產品、產品的包裝上標註他人的專利號；
　　b. 未經許可，在廣告或者其他宣傳材料中使用他人的專利號，使公眾將所涉及的技術誤認為是他人的專利技術；
　　c. 未經許可，在合同中使用他人的專利號，使公眾將合同所涉及的技術誤認為是他人的專利技術；
　　d. 偽造或者變造他人的專利證書、專利文件或者專利申請文件。
　　另外，《專利法》還規定了另一種侵權行為，即「以非專利產品冒充專利產品、以非專利方法冒充專利方法」這種行為不是專利侵權的表現形態，也就不是專利侵權行為，不承擔專利侵權責任，僅承擔一般的民事侵權責任，由管理專利工作的部門予以處罰。
　　除法律規定外，在理論上和實踐中還存在另外兩種侵權行為：一是「過失假冒」，指行為人本意是冒充專利，隨意杜撰一個專利號，而碰巧與某人獲得的某項專利的專利號相同。這時，該行為人即使不是故意假冒，其行為結果仍然構成了假冒他人專利。二是「反向假冒」，指行為人將合法取得的他人專利產品，標註上自己的專利號後出售。這種行為顯然不構成「假冒他人專利」行為，但事實上侵害了合法專利權人的標記權，仍是一種侵權行為，應承擔民事責任。
　　（3）專利侵權的處理
　　專利權受到侵犯，特別是引起糾紛的，專利權人或利害關係人可以請求管理專利工作的部門進行處理。這是中國處理專利糾紛的特點之一，是專利法賦予管理專利工作的部門處理侵權糾紛的權利。這種解決侵權糾紛的做法速度快、費用少。
　　專利權受到侵犯，特別是引起糾紛的，專利權人或利害關係人也可以依照《中華人民共和國民事訴訟法》直接向法院起訴。專利權受到侵犯時，管理專利工作的部門或法院要對是否構成侵權做出判斷，判斷的原則包括：侵權行為是否存在；違法侵權行為是否造成了損害後果；侵犯專利權行為與造成的損失有無因果關係；違法侵權人有無過錯。
　　對侵權行為的處理方式包括：
　　①責令侵權人立即停止侵權行為，情節嚴重的，可以請求管理專利工作的部門或法院拆除製造侵權產品的設備、處理已經製造出來的侵權產品等，並採取查封、扣押、凍結、責令提供擔保等訴訟保全措施。
　　②賠償損失。侵權行為給專利人造成的損失，依照權利人因被侵權所受的損失或侵權人因侵權所獲得的利益確定；被侵權人受到的損失或侵權人受到的利益難以確定的，參照專利許可使用費的倍數合理確定。

③責令改正並予以公告，沒收違法所得並處以罰款。假冒他人專利，或者以非專利產品冒充專利產品、以非專利方法冒充專利方法的行為，由管理專利工作的部門責令改正並予以公告，沒收違法所得並處違法所得 3 倍以下的罰款，沒有違法所得的，處 5 萬元以下罰款。

④依法追究刑事責任。假冒他人專利，侵權人除了要承擔民事責任外，構成犯罪的還要依法追究其刑事責任。假冒他人專利不僅損害了專利權人利益，而且損害了社會公共利益，應從重、從嚴處理。

4.2.2 商標

4.2.2.1 商標的概念

商標是用來區別一個經營者的品牌或服務和其他經營者的商品或服務的標記。中國商標法規定，經商標局核准註冊的商標，包括商品商標、服務商標、集體商標、證明商標等，商標註冊人享有商標專用權，受法律保護。如果是馳名商標，則商標註冊人還將獲得跨類別的商標專用權法律的保護。

世界知識產權組織（WIPO）認為商標是將某商品或服務標明是某具體個人或企業所生產或提供的商品或服務的顯著標誌。商標的起源可追溯至古代，當時工匠們將其簽字或「標記」印製在其藝術品或實用產品上。隨著歲月的推移，這些標記逐漸演變為今天的商標註冊和保護制度。這一制度有助於消費者識別和購買某產品或服務，因為產品或服務上特有的商標能夠幫助消費者識別該產品或服務的性質和質量，從而幫助消費者做出購買決策。

根據《中華人民共和國商標法》（2013 年修正），任何能夠將自然人、法人或者其他組織的商品與他人的商品區別開的標誌，包括文字、圖形、字母、數字、三維標誌、顏色組合和聲音等，以及上述要素的組合，均可以作為商標申請註冊。

4.2.2.2 商標的特點

商標是商品或服務上的標記，不能與商品或服務分離，並依附於商品或服務。

商標是區別於他人商品或服務的標誌，具有顯著性的區別功能，從而便於消費者識別。商標的構成是一種藝術創造。

商標包括文字、圖形、字母、數字、三維標誌、顏色組合、聲音以及上述要素的組合。

商標具有獨占性。使用商標就是為了區別於他人的商品或服務，以便於消費者識別。因此，註冊商標所有人對其商標具有專用權並受法律保護。未經商標權所有人的許可，任何人不得擅自使用與該註冊商標相同或相類似的商標，否則構成侵犯註冊商標權所有人的商標專用權，將承擔相應的法律責任。

商標是一種無形資產，具有價值。商標代表著商標所有人生產或經營的產品或服務的質量以及企業的信譽、形象。商標所有人通過商標的創意、設計、申請註冊、廣告宣傳及使用，使商標具有了價值，也增加了商品的附加值。商標的價值可以通過評估來確定。商標可以有償轉讓，經商標所有權人同意後，商標可為他人使用。

商標是商品信息的載體，是參與市場競爭的工具。生產經營者的競爭就是商品或

服務質量與信譽的競爭，其表現形式就是商標知名度的競爭。商標的知名度越高，其商品或服務的競爭力就越強。

4.2.2.3 商標的分類

（1）按商標結構分類

①文字商標。文字商標是指僅由文字構成的商標，包括漢字、少數民族文字、外國文字和阿拉伯數字或以各種不同文字組合的商標。

②圖形商標。圖形商標是指僅由圖形構成的商標。圖形商標又分為以下三種。

a. 記號商標：用某種簡單符號構成圖案的商標；

b. 幾何圖形商標：由較抽象的圖形構成的商標；

c. 自然圖形商標：以人物、動植物、自然風景等為對象所構成的圖形商標。有的自然圖形商標就是實物照片，有的則經過加工提煉。

③字母商標。字母商標是指由拼音文字或註音符號的最小書寫單位，包括拼音文字、外文字母等所構成的商標。

④數字商標。數字商標是指由阿拉伯數字、羅馬數字或中文大寫數字所構成的商標。

⑤三維標誌商標。三維標誌商標又稱立體商標，是由具有長、寬、高三種度量的三維立體物標誌所構成的商標標誌。它與我們通常所見的表現在一個平面上的商標圖案不同，是一種立體物質形態。這種形態可以出現在商品的外形上，也可以表現在商品的容器或其他地方。三維標誌商標是2001年修訂的《中華人民共和國商標法》所增添的新內容，這將使中國的商標保護制度更加完善。

⑥顏色組合商標。顏色組合商標是指由兩種或兩種以上的彩色排列、組合而成的商標。文字、圖案加彩色所構成的商標，不屬於顏色組合商標，只是一般的組合商標。

⑦組合商標。組合商標是指由兩種或兩種以上成分相結合所構成的商標，也稱複合商標。

⑧音響商標。以音符編成的一組音樂或以某種特殊聲音作為商品或服務的商標即是音響商標。如美國一家唱片公司使用11個音符編成一組樂曲，然後把它灌製在他們所出售的錄音帶的開頭，作為識別其商品的標誌。這個公司為了保護其音響的專用權，防止他人使用、仿製而申請了註冊。音響商標目前只在美國等少數國家得到承認。中國尚不能註冊音響商標。

⑨氣味商標。氣味商標就是以某種特殊氣味作為商標，以區別於其他商品和服務。目前，這種商標只在個別國家被承認。中國尚不能註冊氣味商標。

（2）按商標使用者分類

①商品商標。商品商標就是商品的標記，是商標最基本的表現形式，通常所稱的商標主要是指商品商標。商品商標又可分為商品生產者的產業商標和商品銷售者的商業商標。

②服務商標。服務商標是指用來區別於其他同類服務項目的標誌，如航空、導遊、保險、金融、郵電、飯店、電視臺等單位使用的標誌。

③集體商標。集體商標是指以團體、協會或者其他組織的名義註冊，供該組織成員在商事活動中使用，以表明使用者在該組織中的成員資格的標誌。

（3）按商標用途分類

①營業商標。營業商標是指生產者或經營者把特定的標誌或企業名稱用在自己製造或經營的商品上的商標。也有人將這種標誌稱為「廠標」「店標」或「司標」。

②證明商標。證明商標是指由對某種商品或者服務具有監督能力的組織所控製，而由該組織以外的單位或者個人使用於其商品或者服務，用以證明該商品或者服務的原產地、原料、製造方法、質量或者其他特定品質的標誌，如綠色食品標誌、真皮標誌、純羊毛標誌、電工標誌等。

③等級商標。等級商標是指在商品質量、規格、等級不同的一種商品上使用的同一商標或者不同的商標。有的等級商標雖然名稱相同，但圖形或文字字體不同，而有的雖然圖形相同，但為了便於區別不同的商品質量而使用不同的顏色、不同的紙張和不同的印刷技術，也有的是用不同的商標名稱或者圖形來區別於其他商品。

④組集商標。組集商標是指同類商品由於品種、規格、等級、價格的不同，需要使用幾個不同的商標以示區別，且這幾個商標應作為一個組集一次提出註冊申請的商標。組集商標與等級商標有相似之處。

⑤親族商標。親族商標是以一定的商標為基礎，再與各種文字或圖形結合起來，使用於同一企業的各類商品上的商標，也稱「派生商標」。

⑥備用商標。備用商標也稱貯藏商標，是指同時或分別在相同商品或類似商品上註冊幾個商標，註冊後不一定馬上使用，而是先貯存起來，需要時再使用。

⑦防禦商標。防禦商標是指馳名商標所有者為了防止他人在不同類別的商品上使用其商標，而在非類似商品上將其商標分別註冊的商標。

⑧聯合商標。聯合商標是指同一商標所有人在相同或類似商品上註冊的幾個相同或者近似的商標。聯合商標有的是文字近似，有的則是圖形近似。這種相互近似的商標註冊後不一定都使用，其目的只是防止他人仿冒或註冊，從而更有效地保護自己的商標。

（4）按商標享譽程度分類

①普通商標。普通商標是指在正常情況下使用的未受到特別法律保護的絕大多數商標。

②馳名商標。馳名商標是指在較大地域範圍的市場上享有較高聲譽，為相關公眾所普遍熟知，有良好質量信譽，並享有特別法律保護的商標。

4.2.2.4 商標的作用

（1）商標是區別商品或服務來源的標誌

商標可以區別不同商品或服務最重要、最本質的功能和來源，引導消費者認牌購物或消費。在現代社會，同一類商品的生產廠家成百上千，同一性能的服務比比皆是，消費者該如何選擇商品或服務呢？商標可以幫助消費者達到識別的目的。由於商標是商品或服務的標誌，代表著生產者或經營者的信譽，因此，商標能起到引導消費者獲得滿意商品或服務的作用。

(2) 註冊商標有利於保護商標所有人的權利

註冊商標是取得專用權的前提，只有註冊商標才能受到法律的保護。

(3) 商標是企業的無形資產和信譽載體

商標與其他知識產權權利一樣，是企業的一項核心資產，通過商標的運作，可以為股東創造出超額利潤或價值。

(4) 商標有利於企業品牌的宣傳和推廣

有了商標，企業就可以將其作為廣告宣傳手段以打開市場，擴大銷路，從而增強企業的競爭優勢。商標標誌著產品的質量和企業的信譽。與廣告相比，商標更具有經濟性、靈活性和宣傳面的廣泛性。消費者在選購商品時，大多是憑商標示別商品質量的優劣，即認牌購貨。

4.2.2.5 商標權的內容

商標權是商標專用權的簡稱，是指商標主管機關依法授予商標所有人對其註冊商標受國家法律保護的專有權。商標註冊人擁有依法支配其註冊商標並禁止他人侵害的權利，包括商標註冊人對其註冊商標的排他使用權、收益權、處分權、續展權和禁止他人侵害的權利。商標權是個集合概念，主要包括以下四方面內容：

第一、使用權。只有商標的註冊人才是該商標的合法使用者。

第二、禁止權。商標的所有者有權向有關部門提請訴訟，請求停止他人的侵權行為，可要求侵權人賠償其經濟損失，並追究侵權人的刑事責任。

第三、轉讓權。商標的所有者可以將商標的所有權有償或無償地轉讓給他人，並放棄一切權利。

第四、許可使用權。商標的所有者可以以有償或無償的方式許可他人使用自己註冊的商標。

4.2.2.6 商標權的特徵

(1) 專有性

商標權的專有性又稱獨占性或壟斷性，是指註冊商標所有人對其註冊商標享有專有使用權，其他任何單位及個人非經註冊商標所有人的許可，不得使用該註冊商標。

(2) 時間性

商標權的時間性也稱法定時間性，是指商標權是一種有期限的權利，只有在有效期限內才受法律保護，超過有效期限則不再受法律保護。

(3) 地域性

商標權具有嚴格的地域性，這是由商標權的國內法性質所決定的。

(4) 轉讓性

商標權作為一種產權，可由商標註冊人按一定條件實施產權轉讓或使用許可。

4.2.2.7 商標權的法律保護

(1) 侵權方式

①未經註冊商標所有人的許可，在同種商品或者類似商品上使用與其註冊商標相

近或者近似的商標。

②銷售明知是假冒註冊商標的商品。

③偽造、擅自製造他人註冊商標標示或者銷售偽造、擅自製造的註冊商標標示。

④故意為侵犯註冊商標專用權的行為提供便利條件。

⑤給他人註冊商標專用權造成其他損害。

（2）中國商標法對商標權的保護

①商標侵權行為的認定。根據中國商標法，商標侵權行為的認定，是以損害事實是否產生為前提，而不是以侵權者主觀上是否有錯誤為條件。一般認定侵權行為主要依據以下原則：侵權事實是否存在，行為是否違法，行為和侵權事實有無因果關係，侵權是否是當事人的過失或故意造成的。

②對商標侵權行為的處理。商標侵權糾紛的解決方式有和解、行政處理、司法訴訟。商標侵權賠償數額為侵權人在侵權期間所獲得的利益，或者被侵權人在被侵權期間所受到的損失，包括被侵權人為制止侵權行為所支付的合理開支。

4.2.3 專有技術

（1）專有技術的概念

專有技術也稱「技術秘密」「技術訣竅」。它是隨著技術援助合同的大量湧現而在合同上被頻繁使用的用語。迄今為止，國際上對專有技術一詞還沒有公認的定義。

世界知識產權組織國家局在《發展中國家發明樣板法》中提出：所謂專有技術，是指有關製造工藝以及產業技術的使用及知識。北京大學出版社出版的《現代經濟法辭典》中對專有技術是這樣定義的：「專有技術是有一定價值，可利用、未被公眾所知，可以轉讓或傳授而未取得專利權的技術知識、技術情報、經驗、方法或其組合。」總之，專有技術是一種秘密的技術知識、經驗和技巧的總和。它既可以表現為書面資料，如設計圖紙資料、設計方案、操作程序指南、數據資料等，也可以表現為技術示範、對工程技術人員的培訓和口頭傳授等。但就專有技術本身而言講，它是寓於這些表現形式中的一種觀念和構思。

（2）專有技術的特點

①專有技術是一種技術知識。

②專有技術是具有實用性的動態技術。

③專有技術具有可傳授性和可轉讓性。專有技術作為一種技術，必須能以言傳身教或以圖紙、配方、數據等形式傳授給他人，而不是依附於個人的天賦條件而存在。

④專有技術是一種以保密性為條件的事實上的獨占權。專有技術是不公開的、未經法律授權的秘密技術。凡是以各種方式為公眾所知的技術都不能稱作專有技術。由於專有技術未經法律程序授權即未得到法律保護，因此專有技術的所有者只能依靠自身的保護措施來維護其技術的專有性。

⑤專有技術具有經濟性。專有技術是人類智慧的結晶。它必須能應用於生產和服務，產生經濟效益，否則就不能稱為技術，也不會成為技術貿易的標的。

⑥專有技術是沒有取得專利權的技術知識。

⑦專有技術具有歷史性。專有技術不是來自於研究人員的靈感,而是經過多年的經驗累積總結出來的,這一過程往往需要很長時間。隨著經濟和科技的發展,專有技術的內容也隨之改變,但有些專有技術也會隨著替代技術的問世而被淘汰。

(3) 專有技術與專利的區別

專有技術與專利雖然都含有技術知識的成分,都是人類智力活動的成果,但是在法律上兩者是有重大區別的。專有技術與專利的區別主要表現在以下三個方面:

①專利是公開的,而專有技術則是秘密的。按照各國專利法的規定,發明人在申請專利權時,必須把發明的內容在專利申請書中予以披露,並由專利主管部門發表公告以告之公眾。專有技術則要盡量保密,因為它不受法律保護。

②專利權有一定的保護期限,如前所述,按照各國專利法的規定,其有效期一般為15年或20年。專有技術則不存在保護期限的問題。只要嚴守秘密,未被公眾所知,專有技術即受到了保護,但是,專有技術一旦被公開,則任何人都可以使用。因此,在專有技術許可證中,一般都有保密條款,要求被許可人承擔保密義務,不得把專有技術的內容透露給第三者。

③專利權是一種工業產權,受有關國家專利法的保護,而專有技術則是沒有取得專利權的技術知識。專有技術不是依據專利法的規定獲得法律保護,而主要是依據民法、刑法、不公平競爭法的有關規定獲得法律上的保護。

4.3 國際技術貿易的主要方式

4.3.1 許可證貿易

(1) 許可證貿易的概念

許可證貿易是技術許可方將其交易標的的使用權通過許可證協議或合同轉讓給技術接受方的一種交易行為,又稱「許可貿易」。許可證的標的通常是「軟技術」,可以是專利、設計、工業模型、商標及版權,也可以是專有技術(訣竅)。

(2) 許可證貿易的分類

獨占許可。獨占許可是指在一定期限和一定區域內,接受方對許可證協議下的技術享有獨占使用權,許可方不在該時間、該地區使用此技術,也不向第三方轉讓。

排他許可。排他許可是指在一定期限和一定區域內,許可方除可以自己繼續使用外,也可以將許可證協議下的技術使用權轉讓給第二方使用,但許可方不得將這項技術轉讓給第三方。

普通許可。普通許可是指在一定期限和一定區域內,許可方除可以自己繼續使用外,也可以將許可證協議下的技術轉讓給第二方使用,還可以將這項技術轉讓給第三方。

交換許可。交換許可是指技術交易的雙方通過許可證協議相互交換各自的技術使用權,一般不收取費用。

可轉讓許可。可轉讓許可是技術貿易中的一種特殊類型，指技術接受方還可將他被許可使用的技術再轉讓給第三者使用。

（3）許可證貿易的優點

相對於產品出口、直接投資而言，許可證貿易具有獨特的優勢：

①許可證貿易是避開進口國限制、作為產品出口轉換形式的最佳途徑。

②許可證貿易可大大降低或避免國際行銷的各種風險。例如，授方的資金沒有進入國際市場，減少了受方所在國的外匯管制風險；純粹的技術使用權許可，不存在獨資或合資的企業被東道國沒收徵用的政治風險；由受方利用技術進行產銷活動，使市場競爭與匯率變動等風險轉移到受方身上。

③許可證貿易可節省高昂的運銷費用，從而提高企業的價格競爭能力。

④許可證貿易有利於特殊技術的轉讓。某些關係到進口國國計民生的重要工業產品無法採用投資或產品出口的方式，而通過許可證貿易便能順利地進入這些產品的生產經營領域。

⑤許可證貿易便於服務性質的企業進入國際市場。如各種類型的諮詢公司、技術服務公司等企業本身並不製造產品，許可證貿易為它們的無形產品（技術）進入國際市場提供了便利條件。

⑥許可證貿易使小型製造企業也能進入國際市場。這一優點對於中國眾多的製造企業來說尤為重要。

4.3.2　合作生產與合資經營

合資經營是由兩個或兩個以上不同國家的投資者共同投資、共同管理、共負盈虧，並按照投資比例共同分取利潤的股權式投資經營方式。合作生產又稱協作生產，是指兩個或兩個以上國家的企業，以合作經營的方式，在生產過程中充分發揮各自的有利條件，共同生產某項產品。合作生產是契約式合營在生產領域的具體表現。

合作生產與合資經營的區別在於，前者強調合作夥伴在某一領域合作中的相互關係，而後者主要強調企業的所有權及其利益的分享和虧損的承擔問題。不管是合作生產還是合資經營，一方一般以技術為資本來換取效益和利益，而另一方無論以什麼形式的資本為股本，都會成為技術的受讓者。

4.3.3　技術服務

技術服務是技術市場的主要經營方式和範圍，是指擁有技術的一方為另一方解決某一特定技術問題所提供的各種服務。如進行非常規性的計算、設計、測量、分析、安裝、調試，以及提供技術信息、改進工藝流程、進行技術診斷等服務。技術服務主要包括信息服務、安裝調試服務、維修服務、供應服務、檢測服務、培訓服務、技術文獻服務等七個方面。

4.3.4　補償貿易

補償貿易又稱產品返銷，指交易的一方在對方提供信用的基礎上，進口設備、技

術，然後以該設備、技術所生產的產品，分期抵付進口設備、技術的價款及利息。補償貿易的基本形式或種類很多，主要包括四種：一是返銷。返銷即直接產品補償，指以引進的技術、設備生產出來的直接產品作為進口貨款的補償。這種做法有一定的局限性，它要求生產出來的直接產品及其質量必須是對方所需要的，或者是在國際市場上是可銷的，否則不易為對方所接受。二是回購。回購也稱互購或間接補償，即進口方以某種雙方協定的產品作為引進技術、設備的進口貨款的補償，這些產品是非直接相關的產品。三是綜合補償貿易。它是指進口方的補償產品中，直接產品、間接產品、外匯等兼而有之，抵償的商品可以直接給供方，也可以給供方事先指定的貿易商。這種補償貿易方式是前兩種方式的派生。四是勞務補償貿易。這種做法常見於同來料加工或來件裝配相結合的中小型補償貿易中，即雙方根據協議，由對方代買所需的技術、設備並墊付貨款，而引進按對方要求加工生產後，從應收的費用中分期扣還所欠技術、設備貨款。當然，補償貿易還包括其他形式，如雙邊補償、多邊補償、賣方信貸補償、買方信貸補償、租賃補償、全部和部分補償等。

4.3.5 國際工程承包

國際工程承包是指一個國家的政府部門、公司、企業或項目所有人（一般稱工程業主或發包人）委托國外的工程承包人負責按規定的條件承擔完成某項工程任務。國際工程承包是一種綜合性的國際經濟合作方式，是國際技術貿易的一種方式，也是國際勞務合作的一種方式。之所以將這種方式作為國際技術貿易的一種方式，是因為國際承包工程項目建設過程包含了大量的技術轉讓內容，特別是在項目建設的後期，承包人要培訓業主的技術人員並提供所需的技術知識（如專利技術、專有技術），以保證項目的正常運行。

4.4 國際技術貿易的價格與稅費

4.4.1 技術的價格

（1）技術價格的概念及其決定

技術是有價值的，技術的價格也是由技術的價值決定的，但是技術的價格與其價值並不相符。技術的價格實際上是技術的接受方向技術的提供方支付的全部費用，同時也是雙方對超額利潤和新增利潤的分成。

不管是什麼技術，其價格總是在不斷地變化。技術價格的確定以及波動一般取決於以下因素：①技術的研究開發成本。研發成本高的技術，其價格便高，反之則低。②技術的市場需求。市場需求大的技術，其價格一般較高。③技術的成熟程度。引進後便能使用的成熟技術，其價格自然高。④技術的生命週期。生命週期長的技術價格高，而很快就會被淘汰的技術價格較低。⑤支付方式。無論是一次性支付還是分期支付，都會影響技術的價格，前者的價格一般較低，後者的價格一般較高。⑥談判策略

與技巧也會影響技術價格的高低。

(2) 技術價格的構成

技術的價格一般由以下三部分構成：

①技術的研究與開發成本。這部分成本主要包括研究與開發技術時所耗費的物化勞動和活勞動，占價格的 60%~70%。

②增值成本。增值成本即技術的提供方為轉讓技術而支付的各種費用，如派出談判人員、提供資料和樣品、簽訂合同、培訓人員等費用。

③利潤補償費。利潤補償費即技術的轉讓使得技術的提供方在技術的受讓國市場或第三國市場失去該技術產品的市場份額而蒙受利潤損失所得到的補償。

4.4.2 技術轉讓費的支付

技術轉讓費，即企業購買或使用專有技術而支付的費用。技術轉讓費包括兩種：一是在談判技術貿易合同及執行技術貿易合同時的實際花費；二是轉讓方的提成收入。技術轉讓費的支付方式主要包括以下三種：

一次總算。一次總算是根據轉讓方轉讓的技術、協議的內容和承擔的責任、義務，對轉讓費用以及接受方能獲得的經濟收益（輸出方應得的利潤部分）進行估算，從而商定出一筆技術轉讓費總額，由接受方一次支付或分期支付。

提成支付。提成支付是指技術接受方根據技術投產後的實際經濟收益，在一定的償付期限內按一定的比例，分期支付提成費給技術轉讓方。

入門費與提成費結合支付。它是指技術接受方在簽約或收到第一批資料的一定時間內，先支付一筆約定金額，以後再按規定辦法支付提成費。

4.4.3 國際技術貿易中的稅費

4.4.3.1 對技術使用費徵稅的特點與一般原則

技術使用費所得稅的徵收，涉及雙重管轄權，也涉及國家間稅收利益的分配。國際上對技術使用費徵收所得稅一般遵循以下原則：

第一，對於在收入來源地設有營業機構的納稅人，其技術使用費一般並入營業利潤，計徵企業所得稅，美國稱公司所得稅，日本則稱為法人所得稅。

第二，對於在收入來源地未設營業機構的納稅人，則採取「從源」控制，即在被許可方支付使用費時，由其代稅務部門扣繳所得稅，也稱預提所得稅。代稅務部門扣繳所得稅的被許可方即為扣繳義務人。

第三，以預提方式扣繳使用費所得稅，稅率一般低於公司所得稅。因為預提所得稅的納稅義務人是在來源地未設營業機構的外國自然人或法人，很難按正常徵稅程序和稅率計算納稅所得額，只能採取按使用費金額全額計徵。但全額計徵會導致納稅人稅負過重。因此，稅率上會有所降低，以使納稅人的實際應納稅額與一般企業扣減費用後的應納稅額保持平衡。

4.4.3.2 雙重徵稅對國際技術貿易的影響及解決途徑

（1）雙重徵稅對國際技術貿易的影響

①雙重徵稅迫使許可方提高轉讓技術的報價，增加了交易成本。

②雙重徵稅減弱了許可方的市場競爭力。

③雙重徵稅導致被許可方引進技術的成本增加，期得利益減少。

④雙重徵稅將給許可方和被許可方國家的國際收支帶來消極影響。

（2）雙重徵稅的解決途徑

①全額抵免。在許可方國家和被許可方國家的所得稅稅率相同或者雙方國家簽有避免雙重徵稅協定的情況下，貿易雙方可提供已納稅證明以避免雙重徵稅，即全額抵免。

②補差抵免。在許可方國家所得稅稅率高於被許可方國家所得稅稅率的情況下，許可方可申請補差抵免，然後按照本國和外國的所得稅之差，向本國稅務部門補交差額稅款。

③最高限額抵免。在許可方國家所得稅稅率低於被許可方國家所得稅稅率的情況下，許可方在本國的最高抵免限額為：

最高抵免限額＝許可方全部所得應繳納的本國的所得稅×（來自被許可方所得÷許可方全部所得）。

④費用扣除法。費用扣除法，是指跨國納稅人將其在國外已繳納的所得稅作為已開支費用從其總收入中扣除，然後匯回本國，按本國所得稅稅率進行納稅。

習題

一、單選題

1. 知識產權中的著作權在中國也被稱為（　　）。
   A. 署名權　　　　　　　　　B. 修改權
   C. 製片權　　　　　　　　　D. 版權

答案：D

2. 下列許可合同中擁有保密條款的是（　　）。
   A. 專利許可合同　　　　　　B. 商標許可合同
   C. 版權許可合同　　　　　　D. 專有技術許可合同

答案：D

3. 國際技術轉讓的內容是專利、商標、專有技術等的（　　）。
   A. 外觀形態　　　　　　　　B. 使用權
   C. 申請地　　　　　　　　　D. 產品

答案：B

4.《中華人民共和國專利法》第四十二條規定，發明專利權的期限為（　　）。

    A. 20 年　　　　　　　　　　B. 15 年
    C. 15~20 年　　　　　　　　 D. 10 年
答案：A
5. 國際技術轉讓通常是指（　　　）。
    A. 非商業性技術轉讓　　　　B. 商業性技術轉讓
    C. 技術援助　　　　　　　　D. 技術引進
答案：B

二、簡答題

1. 什麼是國際技術貿易？其主要特點是什麼？

答：國際技術貿易是指不同國家的企業、經濟組織或個人之間，按照一般商業條件，向對方出售或從對方購買軟件技術使用權的一種國際貿易行為。它由技術出口和技術引進這兩方面組成。簡言之，國際技術貿易是一種國家間的以純技術的使用權為主要交易標的的商業行為。

國際技術貿易特點主要包括：國際技術貿易的規模不斷擴大；單純的技術轉讓所占比例越來越高，技術轉讓日益「軟件化」；發達國家間的技術貿易占主導地位；跨國公司是國際技術貿易的主體；技術週期縮短，各國對技術的需求呈上升趨勢；技術貿易方式日益增多和複雜化；信息技術貿易迅猛發展。

2. 國際技術貿易的價格是如何構成的？其決定因素是什麼？

答：國際技術貿易的價格構成主要包括以下三個部分：①轉讓成本：供方為了簽訂和履行該項技術交易合同所支出的各項費用，包括直接轉讓成本和間接轉讓成本；②研究與開發成本的分攤：企業從事該項技術的研究與開發所投入的全部人力、物力、資金成本；③機會成本：供方因轉讓合同技術而失去合同許可區域的市場銷售利潤。

國際技術貿易的決定因素包括：①技術的開發成本；②技術的成熟程度；③技術的轉讓次數；④技術的生命週期；⑤供方預期利潤的大小；⑥供方提供協助的多少；⑦技術使用獨占性程度的高低；⑧技術供方之間的競爭；⑨技術使用可帶來的經濟效益的大小；⑩有關國家的法律和政治環境。

三、案例分析題

據商務部統計，自 1999 年實施科技興貿戰略以來，中國累計引進技術近 5 萬項，合同總金額超過 1,000 億美元，其中技術費達 623 億美元，占合同金額的 57.6%。2005 年，中國為技術引進所支出的技術費達 118.3 億美元，占技術引進合同總金額的 62.3%，比 1999 年提高了 31 個百分點。這表明，在政府政策的引導下，企業「重設備輕技術」的技術引進觀念已得到轉變，軟技術在我技術引進中逐漸占據主導地位，引進技術的質量明顯改善。

問題：

中國在進行技術貿易的過程中，在穩步提高數量的同時，應如何逐步提高引進技術的質量？

答：提高引進技術的質量，應考慮以下幾個方面：

（1）當代經濟競爭，已從資本實力轉向技術實力，技術進步和創新是產業升級的有效途徑，也是中國引進外資的核心。

（2）中國在引進技術的同時，還要注重引進技術的消化創新。

（3）日本走過的「技術引進—消化仿造—技術創新—技術出口」的發展道路，值得我們的借鑑。

（4）要注重提高引進技術的質量，優化產業結構，大力引進深加工工業和技術密集型項目，如電子、機械、儀器儀表、工業設備、醫藥、建材等。努力實現向技術含量高、附加值大的項目轉移，改變目前一般加工工業和勞動密集型企業占主導地位的局面。

5 國際工程承包與勞務合作

5.1 國際工程承包概述

5.1.1 國際工程承包的概念、業務範圍及特點

（1）國際工程承包的概念

國際工程承包是一種綜合性的國際經濟合作方式，是國際技術貿易的一種方式，也是國際勞務合作的一種方式，具體是指一個國家的政府部門、企業或項目所有人（發包人）委託國外的工程承包人負責按規定的條件承擔完成某項工程。

（2）國際工程承包的業務範圍

國際工程承包的業務範圍極為廣泛，幾乎涉及國民經濟的每個部門。國際工程承包就其具體內容而言，大致包括以下四個方面：

①工程設計。工程設計包括對工程項目要達到的規格、標準、生產能力等的初步設計以及在合同簽訂後的機械設計、電器設計、儀表儀器設計等。

②機械設備的供應與安裝。工程項目所需的機械設備可以由不同的參與方提供，而安裝主要涉及挑選及派遣技術人員進行相應設備的安裝與調試。

③技術轉讓與技術指導。在國際工程承包中往往涉及工程所需的專利技術和專有技術的轉讓問題，而且很多工程在完成之後往往還涉及對項目營運的技術指導。這是一個連貫的過程。

④施工與驗收。施工主要包括工程建造及施工人員的派遣，而驗收主要涉及對工程安全性的測試與考量。

（3）國際工程承包的特點

國際工程承包的特點主要包括以下四點：

①項目內容複雜、廣泛。

②工程週期長、風險大。

③對項目水平的要求比較高。

④國際工程承包是一種典型的國際服務貿易。

5.1.2 國際工程承包的方式

（1）單獨承包

單獨承包是指承包公司從外國業主那裡獨立承包某項工程。在這種方式下，承包

公司對整個工程項目負責，工程竣工後，經業主驗收才結束整個承包活動。工程建設所需的材料、設備、勞動力、臨時設施等全部由承包公司負責。

（2）總承包

總承包是指一家承包公司總攬承包某一項工程，並對整個工程負全部責任。但是承包公司可以將部分工程分包給其他承包商，該分承包商只對總承包公司負責，而不與業主直接發生關係。國際工程承包普遍採用總承包的方式。

（3）聯合承包

聯合承包是指幾家承包公司根據各自所長，聯合承包外國的一項工程。承包公司各自負責所承包的那部分建設任務，並各自獨立向業主負責。

5.2 國際工程承包的招標與投標

5.2.1 招標

5.2.1.1 招標的概念

招標是一種國際上普遍運用的、有組織的市場交易行為，是貿易中的一種工程、貨物、服務的買賣方式。招標是指招標人（買方）發出招標公告或投標邀請書，說明招標的工程、貨物、服務的範圍以及標段（標包）劃分、數量、投標人（賣方）的資格要求等，邀請特定或不特定的投標人（賣方）在規定的時間、地點按照一定的程序進行投標的行為。

5.2.1.2 招標的方式

（1）競爭性招標（International Competitive Bidding，ICB）

競爭性招標是指招標人邀請幾個甚至幾十個投標人參加投標，通過投標人的相互競爭，選擇其中對招標人最有利的投標人達成交易。競爭性招標屬於兌賣的方式。

國際性競爭招標有兩種做法：

①公開招標（Open Bidding）。公開招標是一種無限競爭性招標。採用這種做法時，招標人要在國內外主要報刊上刊登招標廣告，凡對該項招標內容有興趣的人均有機會購買招標資料進行投標。

②選擇性招標（Selected Bidding）。選擇性招標又稱邀請招標，是有限競爭性招標。採用這種做法時，招標人不在報刊上刊登廣告，而是根據自己具體的業務關係和情報資料對客商進行邀請，進行資格預審後，再由他們進行投標。

（2）談判招標（Negotiated Bidding）

談判招標又叫議標，是一種非公開的、非競爭性的招標。這種招標方式是由招標人物色幾家客商直接進行合同談判，談判成功即達成交易。

（3）兩段招標（Two-Stage Bidding）

兩段招標是指無限競爭招標和有限競爭招標的綜合方式。採用此類方式時，招標

人先採用公開招標，再採用選擇性招標，分兩段進行。政府採購物資時，大部分採用競爭性的公開招標辦法。

5.2.1.3 招標的程序

招標是以業主為主體進行的工作，整個招標過程所需要的時間，往往隨著招標方式和項目特點的不同而有所差異，少則一年，多則幾年。從成立招標機構到開始簽訂承包合同需要嚴格按照招標程序和要求進行，並伴隨著大量繁瑣而又細緻的工作。招標的具體程度大致如下：

(1) 成立招標機構

業主在決定建造某一項目以後，便開始進行國際招標工作，國際招標工作的整體過程一般由一個專門設立的機構全權負責。招標機構可以自己設立，也可以委托國際上常設的招標機構或從事招標的諮詢公司代為招標。招標機構的能力和工作效率直接影響著招標的成敗。

(2) 制定招標規則

招標工作的主要內容為：一是確定招標方式，即採用公開招標、限制招標、兩段招標還是談判招標；二是確定廣告刊登的範圍和文字表達方式；三是確定開標的時間和地點；四是確定評標的標準等。

(3) 編制招標文件

招標文件是招標的法律依據，也是投標者準備標書的依據。招標文件的具體內容應視項目的規模和複雜程度而定，主要包括招標人須知、擔保書、合同條件和技術規範等。因為招標人所要建造的工程項目和所要採購物資的具體內容與要求以及評標的具體標準全部體現在招標文件中，所以招標文件一定要力求完整和準確。招標文件所用的語言應該是國際商業通用的英文、法文和西班牙文。

(4) 發布招標公告

招標公告是指招標單位或招標人在進行科學研究、技術攻關、工程建設、合作經營或大宗商品交易時，公布標準和條件，提出價格和要求等項目內容，以期選擇合適的承包單位或承包人的一種文書。在市場經濟條件下，招標有利於促進競爭，加強橫向經濟聯繫，提高經濟效益。對於招標者而言，通過招標公告選擇合適的承包商，可以節約成本或投資，降低造價，縮短工期或交貨期，確保工程或商品項目質量，並促進經濟效益的提高。

(5) 進行資格預審

資格審查包括資格預審和資格後審兩種，其區別就是審查時間不同。招標人可根據項目招標任務的時間緊迫與否自行確定資格審查方式，但出售的招標文件中必須說明資格審查的內容及投標者的條件。

經營者投標時，招標人應著重審查其產品品牌質量、資金週轉情況及信譽情況，而對於生產廠家則應著重審查其生產能力及現階段訂單情況、產品品牌質量及信譽情況。一旦確定了資格預審形式，招標人須在發售招標文件前完成資格預審，且只對預審合格者發售招標文件。

(6) 通知承包商參加投標

資格預審之後，招標機構以書信的方式向所有資格預審合格的承包商發出通知，讓他們在規定的時間內在指定的地點購買標書，以參加投標。投標通知同時也在報紙上公布，但不公布獲得投標資格的公司名稱。

(7) 收標

投標人按招標機構指定的地點投遞標書，招標機構在投標地點設有由專人保管的投標箱。保管人員將收到的投標書放入投標箱，並將蓋有日期的收據交給投標人，以證明其投標書是在投標截止日期之前收到的。投標截止日期一到，便立即封閉投標箱，此後收到的投標書均無效。

(8) 開標

開標應當按招標文件規定的時間、地點和程序，以公開方式進行。開標時間與投標截止時間應為同一時間。唱標內容應完整、明確。只有唱出的價格優惠才是合法、有效的。唱標人員不得將投標內容遺漏不唱，記錄人員也不得漏記投標內容。

開標既然是公開進行的，就應當有相關人員參加，這樣才能做到公開性，讓投標人的投標為各投標人及有關方面所共知。一般情況下，開標由招標人主持，在招標人委託招標代理機構代理招標時，開標也可由該代理機構主持。主持人按照規定的程序負責開標的全過程，其他開標工作人員則辦理開標作業及製作紀錄等事項。秘密開標和公開開標的程序大體一致，唯一的區別在於，秘密開標是在不通知投標人參加的情況下進行的。

(9) 評標

評標是指標機構按照規定的評標標準和方法，對各投標人的投標文件進行評價、比較和分析，從中選出最佳投標人的過程。評標是招標、投標活動中十分重要的階段。評標是否真正做到公開、公平、公正，決定著整個招標、投標活動是否公平和公正；評標的質量決定著能否從眾多投標競爭者中選出最能滿足招標項目各項要求的中標者。

(10) 定標

定標即授予合同，是招標機構決定中標人的行為。定標是招標機構的單獨行為，但需由使用機構或其他人一起進行裁決。在這一階段，招標機構所要進行的工作包括：決定中標人，通知中標人其投標已經被接受，向中標人發出授標意向書，通知所有未中標的投標人並向他們退還投標保函等。招標人應當從評標委員會推薦的中標候選人中確定中標人。中選的投標者應當符合下列條件之一：第一，滿足招標文件各項要求，並考慮各種優惠及稅收等因素，在合理條件下所報投標價格是最低的；第二，最大限度地滿足招標文件中規定的綜合評價標準。

除採用議標程序外，招標人或者招投標仲介機構不得在定標前與投標人就投標價格、投標方案等事項進行協商談判。招標人或者招投標仲介機構應當將中標結果書面通知所有投標人。招標人與中標人應當按照招標文件的規定和中標結果簽訂書面合同。

(11) 簽訂承包合同

中標人接到中標通知以後，應在規定的時間內與業主簽訂承包合同，並遞交履約保證書。至此，招標工作全部結束，中標人便可著手準備工程的開工建設。但是，若

中標人未按期簽約或故意拖延，且未事先向招標機構提出可以接受的申請，那麼中標人應被視為違約。

5.2.2 投標

5.2.2.1 投標的概念

投標是與招標相對應的概念，是指投標人應招標人特定或不特定的邀請，按照招標文件規定的要求，在規定的時間和地點主動向招標人遞交投標文件並以中標為目的的行為。招標人或招標代理機構須在簽訂合同後兩個工作日內向交易中心提交退還未中標人投標保證金的確認函。交易中心在規定的五個工作日內辦理退還手續。

5.2.2.2 投標的特點

投標的前提是必須承認全部招標條件，否則就失去了參加投標的機會。

投標屬於一次性標價，但主動權掌握在招標人手中，即業主在選定最後的中標者的過程中，投標人一般沒有討價還價的權利。

投標在法律上屬於要約，因此，投標人要極為慎重，標價一旦報出，不能隨意撤銷。為此，招標人一般要求投標人交納保證金。

5.2.2.3 投標的程序

投標本身也是一個過程，主要包括投標前的準備、詢價、制定標價、製作標書、投遞標書、競標等程序。

（1）投標前的準備

投標前的準備工作十分重要，直接影響中標率。準備工作應從以下三方面入手：

①收集有關信息和資料。投標人需要收集的資料包括兩個方面：一是項目所在國的情況，如項目所在國政治的穩定性、與鄰國的關係、經濟發展水平、基礎設施狀況、金融與保險業的發達程度以及水、電、石油、天然氣、原材料的供應狀況等；二是競爭對手的有關資料，主要是瞭解能夠參與本行業投標的企業的數目、經營狀況、生產能力、知名度以及它們參加投標的次數和中標率等。如果競爭對手在各方面均優於本企業，而且本企業中標概率很小，投標人就應放棄對該項目的投標，轉向本企業中標概率較大的其他項目。

②研究國際招標法規。國際招標活動涉及的東道國法規有採購法、合同法、公司法、稅法、勞動法、外匯管制法、保險法、海關法、代理法等。

③組成投標小組。投標小組的成員應是從本企業各部門中選拔出來的具有各種專業技術的人員，他們的能力將是本企業能否中標和獲利的關鍵。

（2）詢價

詢價是投標人在投標前必須做的一項工作，因為承包商在承包活動中往往需要提供設備和原材料，詢價的目的在於準確地核算工程成本，以做出既有競爭力又能獲利的報價。此外，有時生活物資和勞務的價格也是詢價的內容。

(3) 制定標價

投標價格的制定工作可分為以下兩個步驟：

①成本核算。成本包括直接成本和間接成本。直接成本主要包括工程成本、產品的生產成本、包裝費、運輸費、運輸保險費、口岸費和工資等；間接成本主要包括投標費、捐稅、施工保險費、經營管理費和貸款利息等。此外，一些不可預見的費用也應考慮進去，如設備、原材料和勞務價格的上漲費，貨幣貶值費以及無法預料或難以避免的經濟損失費。

②制定標價。制定標價主要考慮的因素有以下三個：一是成本。原則上講，承包商在成本的基礎上加一定比例的利潤即可形成最後的標價。二是競爭對手的情況。如果競爭對手較多並具有一定的經濟和技術實力，標價應定得低一些，反之則可以高一些。三是企業的投標目的。企業若是想通過工程建設來獲取利潤，那麼標價必須高於成本並有一定比例的利潤。

(4) 製作標書

標書（Bidding Documents）是由發包單位編制或發包單位委託設計單位編制，向投標者提供對該工程的主要技術、質量、工期等要求的文件。標書是招標工作時採購當事人都要遵守的、具有法律效應且可執行的行為標準文件。它的邏輯性要強，不能前後矛盾，模稜兩可，用語要精煉、簡短。標書也是投標商編制投標書的依據。投標商必須對標書的內容進行實質性的響應，否則會被判定為無效標（按廢棄標處理）。標書同樣也是評標最重要的依據。標書一般有至少一個正本，兩個或多個副本。

(5) 投遞標書

標書編制完成後，投標人應按招標人的要求將標書裝訂、密封好，並在規定的時間內送達指定的招標機構。投遞標書不宜過早，一般應在投標截止日期前幾天為宜。

(6) 競標

開標後投標人為中標而與其他投標人的競爭叫作競標。投標人參加競標的前提條件是成為中標候選人。一般情況下，招標機構在開標後會先將投標人按報價的高低進行排序，經過初步審查選定 2~3 個候選人，如果參加投標的人數較多且實力接近，也可以選擇 5~7 個候選人，然後招標機構通過對候選人的綜合評價，確定最後的中標者。

5.3　國際工程承包合同與施工管理

5.3.1　國際工程承包合同的分類

國際工程承包合同是指參與國際工程的不同國家的有關法人之間為了實現某個工程項目中的施工、設備供貨、安裝調試以及提供勞務等特定目的而簽訂的明確彼此權利和義務關係的協議。

(1) 按價格的構成和價格確定方法劃分

按價格的構成和價格確定方法，可將國際工程承包合同分為總價合同、單價合同

以及成本加酬金合同。

①總價合同。總價合同是指根據合同規定的工程施工內容和有關條件，業主應付給承包商的款額是一個規定的金額，即明確的總價。總價合同也稱總價包干合同，即根據施工招標時的要求和條件，當施工內容和有關條件不發生變化時，業主付給承包商的價款總額就不發生變化。

②單價合同。單價合同是承包人在投標時，按招投標文件就分部分項工程所列出的工程量表確定各分部分項工程費用的合同類型。這類合同的適用範圍比較廣，其風險可以得到合理的分攤，並且能鼓勵承包商通過提高效率等手段節約成本、提高利潤。

③成本加酬金合同。成本加酬金合同也稱成本補償合同，是與固定總價合同正好相反的合同，即工程施工的最終合同價格將按照工程實際成本再加上一定的酬金進行計算。在合同簽定時，工程實際成本往往不能確定，只能確定酬金的取值比例或者計算原則，由業主向承包單位支付工程項目的實際成本，並按事先約定的某一種方式支付酬金。

(2) 按承包的內容劃分

按承包的內容，可將國際工程承包合同分為施工合同、設備的供應與安裝合同、工程諮詢合同、工程服務合同、交鑰匙合同、交產品合同、PPP 合同、BOT 合同、BOOT 合同、BOO 合同、EPC 合同、BOOST 合同。

①施工合同。施工合同即建築安裝工程承包合同，其簽訂的主要目的是明確責任、分工協作，共同完成建設項目的施工任務。

②設備的供應與安裝合同。這種合同的形式因承包商責任的不同而有所不同，主要包括以下四種：一是單純的設備供應合同，即設備的供應者只負責提供設備；二是單純的設備安裝合同，即承包商只負責設備的安裝；三是設備的供應商既負責提供設備又負責安裝設備的合同；四是設備的供應商負責提供設備，並負責指導業主自行安裝的合同。

③工程諮詢合同。工程諮詢合同實際上是一種專業技術服務合同，業主諮詢的主要內容有投資的可行性研究、圖紙的合理性、實施方案的可行性等。

④工程服務合同。工程服務合同是業主與能夠提供某些服務的公司簽訂的合同，主要目的是為工程項目提供服務。一般只有建造規模較大而且較為複雜的工程項目才會簽署這類合同。

⑤交鑰匙合同。交鑰匙工程承包合同是指承包公司為企業或政府進行工程建設，在工程完工交付前，承包人負責試生產，在保證工程開工後的產品產量、質量等指標達到合同規定標準後，才將工程移交給業主。

⑥交產品合同。交產品合同是指承包商不僅負責承項目的可行性研究、規劃設計、勘察選點、工程實施、原材料的購買、設備的供應與安裝、技術培訓、試生產等工作，還應負責指導業主生產出一定數量的合格產品，並在原材料及能耗達到設計要求之後才能正式移交給業主的一種承包方式。

⑦PPP。PPP (Public-Private-Partnership) 模式，即公私合營模式，是指政府與私人組織之間為了合作建設城市基礎設施項目，或為了提供某種公共物品和服務，以特

許權協議為基礎形成的一種夥伴式合作關係。合作雙方通過簽署合同來明確彼此的權利和義務，以確保合作的順利完成，最終使合作各方達到比預期單獨行動更為有利的結果。

公私合營模式以政府參與全過程經營的特點而受到國內外的廣泛關注。公私合營模式將部分政府責任以特許經營權方式轉移給社會主體（企業），政府與社會主體建立起「利益共享、風險共擔、全程合作」的共同體關係，這樣政府的財政負擔減輕了，社會主體的投資風險也減小了。

⑧BOT 合同。BOT（Build-Operate-Transfer，建設-經營-轉讓）模式，是指將政府所規劃的工程交由民間投資興建並經營一段時間後，再由政府回收經營。18 世紀中期的土耳其曾邀請國內外承包商共同參與規劃公共部門民營化政策，這是最早採用建設-經營-轉讓模式的案例。

⑨BOOT 合同。BOOT（Build-Own-Operate-Transfer，建設-擁有-經營-轉讓）模式是指項目公司對所建項目設施擁有所有權並負責經營，經過一定時期後再將該項目移交給政府。

⑩BOO 合同。BOO（Build-Own-Operate，建設-擁有-經營）模式是指承包商按照政府的授權負責工程的施工、營運並享有該工程項目的最終所有權。

⑪EPC 合同。EPC（Engineering-Procurement-Construction，設計-採購-施工）合同是近年來國際工程市場中對某些項目，尤其是私人投資的商業項目（如 BOT 項目）採用得比較多的合同。EPC 模式常用於基礎設施工程，如以交鑰匙方式提供工藝或動力設備的工廠，也適用於由一個實體承擔全部設計和實施職責的項目。此外，EPC 模式還適合涉及很少或沒有地下工程的私人融資的基礎設施項目。

⑫BOOST 合同。BOOST（Build-Own-Operate-Subsidy-Transfer，建設-擁有-經營-補貼-轉讓）合同是承包商在工程建成後，在授權期內管理和擁有該設施並享有政府一定的補貼，待項目授權期滿後再移交給當地政府的一種承包合同。

5.3.2　國際工程承包合同的內容

國際工程承包合同是指參與國際工程的不同國家的有關法人之間為了實現某個工程項目中的施工、設備供貨、安裝調試以及提供勞務等特定目的而簽訂的明確彼此權利和義務關係的協議。

招標成交的國際工程承包合同不是採取單一合同方式，而是採取另一種合同方式，這種合同是由一些有關文件組成的，通常稱為合同文件（Contract Documents）。合同文件包括招標通知書、投標須知、合同條件、投標書、中標通知書和協議書等。按照國際上通用的合同條件，國際工程承包合同一般包括以下內容：

（1）權責條款

合同中應該規定，發包人須將其任命的監理工程師及時通知承包人。監理工程師是發包人的代理人，在監理工程師中選定監理工程師代表負責監督工程施工和處理履約中出現的問題。

（2）轉讓和分包

合同一般規定，承包人未經發包人或其代理人同意，不得將全部合同、合同的任何部分、合同的任何利益和權益轉讓給第三者。經發包人或其代理人同意，承包人方可把部分工程分包給他人，但原承包人仍對全部工程負責。

（3）義務條款

根據合同規定，承包人應該負責工程項目的全部設計和施工，並無償提供施工所必備的勞務、材料、機器設備及管理知識。

（4）人為條款

工程承包合同，一般來說履行合同的時間較長，而且在履行合同的過程中，可能會出現特殊自然條件或人為原因給工程施工帶來的困難，這時就需要採取一定的措施進行處理，如增加施工機械設備、勞動力、材料等。這無疑會增加承包費用或推遲工程進度。以上問題須經監理工程師或監理工程師代表確認，發包人才會償付額外增加的費用或同意工程延期。

（5）竣工條款

合同中一般會規定竣工時間和標準。工程完成後承包人經監理工程師或其代表驗收無誤後取得竣工證明，標誌著工程項目已全部竣工。如果出現一些特殊情況，如工程變更、自然條件變化、人為障礙等使工程延誤，承包人在經監理工程師同意後，可以延長工程的竣工期限。

（6）技術條款

承包人或分包人須向發包人提供專利和專有技術，並承擔被第三方控告合同範圍內的專利權為非法專利權以及專利權被第三方侵犯的責任。對於承包人提供的專有技術，合同雙方應簽訂保密條款。

（7）維修條款

合同中的維修條款主要說明的是維修期限和維修費用的負擔問題。維修期限一般是從竣工證書簽發之日起計算，土木工程維修期一般為12個月。在維修期內，承包人應按監理工程師的要求，對工程缺陷進行維修、返工或彌補等。如果工程的缺陷是承包人的疏忽造成的，則承包人應負擔由此而引起的費用。如果是其他原因造成的，則由發包人負擔費用。

（8）工程變更條款

合同簽訂後，發包人或監理工程師有權改變合同中規定的工程項目，而承包人應按變更後的工程項目要求進行施工。因工程變更增加或減少的費用，應在合同的總價中予以調整，工期也要相應改變。

（9）支付條款

支付條款對支付方式和支付期限等做了明確的規定，支付方式和支付期限的排列組合，往往會帶給承包商不一樣的收益，因此承包商應根據資金和工程需求，盡可能選擇對己方有利的方式。

（10）違約懲罰條款

違約懲罰條款應詳細陳列發包人和承包人可能會出現的違約行為，然後根據每一

種違約行為造成損害的不同程度，規定懲罰方式或者懲罰金額，必要時終止合同。

5.3.3 國際工程承包的施工管理

在國際工程承包活動中，工程的施工一般都在承包公司總部以外的國家進行，這涉及承包商在國外施工的管理問題。工程施工的國外管理一般分為總部管理和現場管理兩個層次。

（1）總部管理

總部管理的大致內容是：①制訂或審定項目的實施方案。②為項目籌措資金，開立銀行保函。③制定統一的規章和報表，對現場提交的各種報告進行整理和分析，對重大問題進行決策。④監督項目資金的使用情況，審核財務會計報表。⑤選派現場各類管理和技術人員。⑥指導並幫助採購項目所需的設備和原材料。

（2）現場管理

現場管理一般分為項目總管理和現場施工管理兩個層次。

①項目總管理。項目總管理是工程的全面性管理，包括合同管理、計劃管理、資金管理、財務管理、物資管理、組織工程的分包與轉包、人事工資管理、工程的移交與結算、處理與業主的關係以及處理與東道國政府及海關、稅務、銀行等部門的關係等工作。

②現場施工管理。現場施工管理的主要工作包括制定具體的施工計劃、協調各分包商的施工、維護與保管設備、招聘普通勞務人員、核定與發放勞務人員工資、監督工程質量、提交有關工程的報告等。

5.4 國際工程承包的銀行保函

5.4.1 保函的概念

保函，又稱保證書，是指銀行、保險公司、擔保公司或擔保人應申請人的請求，向受益人開立的一種書面信用擔保憑證，保證在申請人未能按雙方協議履行其責任或義務時，由擔保人代其履行一定金額、一定時限範圍內的某種支付或經濟賠償責任。現階段最常用的保函包括投標保函、履約保函、支付保函、預付款保函等。

5.4.2 銀行保函的內容

銀行保函是一種規範化的經濟擔保文件，為了保障受益人的合法權益，其內容十分具體和完整，因此世界各國銀行開具的保函的內容基本一致。其具體內容大致如下：

申請人，即承包商或被擔保人，應註明申請人的全稱和詳細地址；

受益人，即業主或總包商，應註明受益人的全稱和詳細地址；

擔保人，即開具保函的銀行，應寫明擔保銀行的全稱和詳細地址；

擔保金額，即擔保所使用的貨幣及最高限額；

擔保責任，即在承包商如果違約的條件下承擔索償義務；

索償條件，即承包商違約時，業主憑何種證明進行索償；

有效期，即保函的起止時間及保函的生效與失效條件。

5.4.3 銀行保函的種類

（1）投標保函

投標保函是指擔保人（銀行）向招標人（受益人）做出保證，在投標人（申請人）報價的有效期內，投標人將遵守諾言，不撤標、不改標，不更改原報價條件，且一旦中標，將按照招標文件的規定及投標人在報價中的承諾，在一定時間內與招標人簽訂合同。如果投標人違約，銀行將在擔保額度的範圍內向招標人支付約定金額的款項。該金額數通常為投標人報價總額的1%～5%。

（2）履約保函

履約保函是指擔保人（銀行）應勞務方和承包方（申請人）的請求，向工程的業主方（受益人）所做出的一種履約保證承諾。倘若履約責任人日後未能按合約的規定按期、按質、按量地完成所承建的工程，以及未能履行合約項下的其他業務，銀行將向業主方支付一筆不超過擔保金額的款項。該款項通常相當於合約總金額的5%～10%。

（3）預付款保函

預付款保函又稱還款擔保，是指擔保人（銀行）向工程業主（受益人）保證，如果申請人未能履約或未能全部按合同規定使用預付款時，則銀行負責返還擔保函規定金額（或未還部分）的預付款。預付款擔保的擔保金額不應超過承包人收到的工程預付款總額。

（4）維修保函

維修保函是指擔保人（銀行）應承包方（申請人）的請求，向工程業主（受益人）保證，在工程質量不符合合同規定而承包方（申請人）又不能維修時，由銀行按擔保函規定金額賠付工程業主。該款項通常為合同價款的5%～10%。

5.5 國際工程承包的施工索賠與保險

5.5.1 施工索賠

5.5.1.1 施工索賠的概念

施工索賠是在施工過程中，承包商根據合同和法律的規定，對並非由於自己的過錯所造成的損失或承擔了合同規定之外的工作所付出的額外支出，向業主提出在經濟或時間上要求補償的權利。從廣義上講，施工索賠還包括業主對承包商的索賠，通常稱為反索賠。

5.5.1.2 施工索賠的原因

引起施工索賠的原因主要包括以下五種：

（1）業主違約

①業主未按約定的時間提供材料、設備。業主所供應的材料、設備到貨與協議條款不符，單價、種類、規格、數量、質量等級與合同規定不符，到貨日期早於或晚於規定的協議時間等，都有可能對工程施工造成影響。該影響表現為：承包商被迫改變原計劃、多支付材料和設備款項；已完工工程可能因種類、規格變化而需要進行拆改或重新採購；重要設備及特殊材料進場太早而需要增加保護、管理等費用，甚至影響項目計劃工期。

②業主在規定的時間內故意拖延支付工程款。業主應按照協議條款規定的時間和數額，向承包方支付工程款。當業主沒有能力或拖延支付時，他不僅要支付工程款的利息，還要承擔可能發生停工等引起的後果。

③業主由於籌備時間短而未按合同規定的時間及時交付設計圖紙和設計資料，致使工程延期開工或施工過程中不能連續、有效地組織正常施工。

（2）合同調整

①設計變更。設計變更包括兩種情況，即完善性設計變更和修改性設計變更。完善性設計變更是在實施原設計的施工過程中不進行技術改動就無法繼續進行施工的變更，常表現為設計遺漏、土建及安裝圖紙相互矛盾以及局部內容有缺陷等。修改性設計變更是並非設計的原因而對原設計工程內容進行的設計修改。

②業主代表及其委派的指令。業主代表代表業主單位的利益，反應業主單位的意願，在行使其合同權利、履行合同約定的職責時，為保證工程達到既定的目標，可以對其管理的範圍發布必要的甚至干預性的現場指令。業主代表在施工過程中發布的指令如加速施工、代換某些材料、採取某項措施、進行某項工作或暫停施工等，屬於帶有較大的人為成分的合同變更，與上述的設計變更有較大的不同。這同樣存在著許多施工索賠機會。

（3）合同缺陷

①合同條款規定用語含糊，難以分清雙方的責任和權益。

②合同條款中存在著漏洞，對各種可能發生的實際情況未做預測和規定，缺少某些必不可少的條款。

③合同條款之間互相矛盾，即在不同的條款和條文中，對同一問題的規定和解釋不一致。

④合同的某些條款中隱含著較大的風險，即對承包商方面的要求過於苛刻，約束條款不對等，甚至某些條款是一種故意設置的圈套。

（4）不可預見因素

①不可預見障礙。不可預見障礙是承包方在開工前，根據業主所提供的工程地質勘探報告及現場資料，並經過現場調查都難以發現的地下或人為障礙，如古井、墓坑、斷層、溶洞及其他人工構築障礙物等。

②不可抗力因素。如異常的氣候條件、高溫、臺風、地震、洪水、戰爭等。

③其他第三方原因。與工程相關的其他第三方所發生的問題對本工程項目的影響的表現是複雜多樣的，難以劃定範圍，如合同供應材料單位倒閉、正在使用的材料供

應突然中斷、鐵路運輸正值春運高峰、正常物資運輸壓站而使安裝設備進場遲於計劃日期等。

(5) 政策法規的變化

①建築工程材料價格的上漲，人工工資標準的提高。

②銀行貸款利率調整以及貨幣貶值給承包商帶來的匯率損失。

③國家有關部門在工程中推廣、使用某些新設備及新技術的特殊規定。

④國家限制某種設備建築材料的進口並提高關稅的規定。

5.5.1.3 施工索賠的程序

(1) 提出索賠通知

承包商應當在索賠事項發生後的兩個星期或規定的時間內向監理工程師或業主代表提出書面索賠申請。

(2) 提供索賠的充分依據

提供索賠依據即承包商將發生的與合同約定不符的、超出原條件的事項列出清單和緣由並闡述說明，同時提供相應的佐證材料，如監理工程師同意的文字材料、發生重大變故的證明材料等。

(3) 出具索賠報告

索賠報告應至少包括以下內容：索賠理由和依據；在許可的情況下，應附上有關索賠事項的已發生事實的證明材料的原件或複印件等資料；根據發生的索賠事項，列出給承包商造成的損失以及應索賠的金額、內容、計算方式等；明確說明自己想要得到哪些方面的補償，如工期的順延等。

(4) 索賠談判

談判是解決索賠問題的一種較好的途徑，談判前應組成一個精明強干的談判小組。談判應實事求是、有理、有節。

(5) 索賠的調解

雙方經談判而無法達成一致的情況下，可以由第三方進行調解。調解有兩種方式：一是非正式調解，即通過有影響力的人物或機構進行幕後調解；二是正式調解，即邀請一名雙方都能接受的中間人進行調解。

(6) 仲裁或訴訟

如果雙方中的任何一方對工程師的處理不滿意或工程師在 84 天內未做出處理決定，則在收到工程師的決定後的 7 天內，或在提請工程師決定而工程師未做出決定的 84 天之後，承包商可以提請仲裁或訴訟。提請訴訟的時間一般較長。如果承包商提請仲裁，則仲裁機構應在收到仲裁通知後的 56 天內做出裁決。

5.5.2 國際工程承包保險

(1) 國際工程承包活動的風險

①政治風險。政治風險是國際工程承包可能會遇到的重大風險之一，主要包括政局不穩、國家對外政策變化、政府間協議、法制不健全等。國家政局不穩將會導致在

建工程項目遭到破壞，不能順利完工。國家對對外工程優惠政策的取消、禁止政策的出抬都會給承包商造成經濟損失。一些發展中國家關於工程或國家工程的法律不規範，使得承包商在問題出現或要求索賠的時候缺乏法律依據，陷入困境。

②經濟風險。經濟風險一般包括市場風險、匯率風險、貨幣貶值、商品內外差價懸殊等。例如，有的國家建築市場非常不規範，存在大量不公平競爭現象；承包商所在國貨幣升值，就會造成利潤相對下降，從而帶來經濟損失。

③社會環境風險。社會環境風險是指由於國度不同而造成的人文環境的差異所帶來的不利影響，主要包括國家的基礎設施、當地人民的生活習俗等方面的差異。例如，承包商承包工程所在國家的交通運輸、給排水等基礎設施差就會造成工期的延誤，醫療衛生條件差就會影響施工人員的健康，造成工作效率低，最終都會給承包商帶來損失。

④人才風險。由於國際工程承包業務是以項目方式進行，又是在國外進行，所以企業需要懂項目管理、懂語言、懂當地文化、懂當地法律、懂財務控製、懂客戶管理的複合型人才，而企業的人才現狀是複合型人才相比專業人才嚴重缺乏。此外，許多國內技術人員出於家庭、自身安全問題的考慮而不願意到國外工作，使得承包商難以找到合適的人才，短時間內又難以培訓，因此經常出現技術人才不足的情況。

⑤合同風險。國際工程承包中的合同風險是影響重大的一類風險。與國內的工程項目相比，大部分國際工程項目出於謹慎、防受騙的目的，對於合同風險管理更為嚴格，合同的內容及鑒定的過程都比國內複雜很多。

（2）國際工程承包保險

保險實際上是保險機構廣泛收集各類投保人的資金，建立保險基金，在投保者遭遇保險範圍內的損害而受損時，由保險機構予以經濟補償的一種防範風險的手段。國際工程承包保險一般是強制性的，因為它既保障了業主的利益，也有利於承包商，已被列入國際工程承包成本，並成為工程預算的重要組成部分。

（3）國際工程承包保險的險別

①工程一切險。工程一切險是為了滿足各類工程的特殊風險要求而開發的險種，適應現代工程技術複雜、規模大、風險多樣化的特點。建築工程一切險用於工程建造過程中因自然災害或意外事故而引起的一切損失。

②第三方責任險。第三方責任險是指由於被保險人的疏忽過失而給第三者造成財產損失或者人身傷害，保險公司對第三者財產進行賠償或對第三者人身傷害進行給付的一種保險。第三者責任險是強制性保險，對維護社會安定、彌補第三者損失、減輕被保險人負擔都具有重要的意義。

③人身意外險。人身意外險，又稱意外或傷害險，是指投保人向保險公司繳納一定金額的保費，當被保險人在保險期限內遭受意外傷害，並以此為直接原因造成死亡或殘廢時，保險公司按照保險合同的約定向保險人或受益人支付一定數量保險金的一種保險。

④汽車險。汽車險是指對機動車輛由於自然災害或意外事故所造成的人身傷亡或財產損失負賠償責任的一種商業保險。

⑤貨物運輸險。貨物運輸險是以運輸途中的貨物作為保險標的，保險人對自然災害或意外事故造成的貨物損失負賠償責任的保險。

5.6　國際勞務合作

5.6.1　國際勞務合作概述

(1) 國際勞務合作的概念

國際勞務合作是指一國的自然人或法人通過某種形式向另一國的自然人、法人或政府機構提供勞務以獲取經濟利益的一種國際經濟合作方式。國際勞務合作是第二次世界大戰以後蓬勃興起的一種國家間經濟貿易合作的重要形式。隨著世界各國經濟的不斷發展和經濟發展水平不平衡的進一步加劇，國際分工日益向深度和廣度發展，各國經濟上的依賴程度進一步加強，國際勞務合作作為一種廣泛的、經常的、行之有效的經濟合作方式日益受到各國的普遍關注，其發展速度超過了貨物貿易的增長速度。

(2) 國際勞務市場的特點

①總體需求旺盛，國際勞動力流動將繼續增加。

②勞務人員流動呈多元化趨勢，南北流動占主導，但南南流動日趨活躍。

③勞動密集型行業的勞務需求量仍然很大，但已相對穩定，技術密集型和資本密集型行業的勞務需求量有所增加。

④物價上漲水平較快，勞務成本不斷提高，但勞務價格越來越低，非技術工人的工資大幅下降。

⑤勞動保護主義盛行，競爭更加激烈。

(3) 國際勞務合作的作用

①加深了生產的國際化程度。源源不斷的勞動力轉移使世界形成了龐大的勞動力市場，使作為生產要素之一的勞動力要素得以在世界範圍內進行配置，從而加深了生產的國際化程度。此外，一部分技術勞務的轉移是通過跨國公司的海外投資帶動的，這不僅促進了勞務輸入國的產業結構的調整，也加深了生產的國際化程度。

②促進了國際貿易的發展。技術勞務在國外提供各種技術服務時，往往要求技術的輸入國使用其母國的設備和原材料，或推薦具有國際先進水平的其他國家的產品，從而擴大了國際貿易的範圍，促進了國際貿易的發展。

③加速了先進科學技術在國家間的傳播。在勞動力的轉移過程中，有相當部分的勞動力是具有某種專業技術知識的，他們將其所擁有的技術帶到世界各地，使這些輸入技術勞務的國家也能分享世界上最先進的技術所帶來的效益。

④促進了勞務輸出國與勞務輸入國的經濟發展。勞動力在世界範圍內的轉移對世界經濟的發展產生了積極而深遠的影響。對勞務輸出國而言，國際勞務合作帶來了可觀的外匯收入，同時可以緩解就業壓力，調整人才結構，最重要的是有些發展中國家人口密度大且工業落後，國內根本無法安置過剩的勞動力，勞務輸出便成為解決這一

問題的出路之一。同時，這些外派的勞務人員在國外提供勞動服務的同時，也掌握並帶回了國外先進的技術和管理方法，從而提高了外派勞務人員的素質。當然，勞務輸出有時也會帶來國內通貨膨脹、技術人員外流、國家限制出口的技術洩露、新的傳染病的流入等負面影響。

對勞務輸入國來說，勞務輸入彌補了國內勞動力不足或某些行業勞動力短缺的問題，同時解決了技術難題。有些國家技術落後，勞動力素質較差，無法適應本國經濟發展的需要，引進技術勞務可以幫助解決很多國內技術難題，進而還可起到引進國外先進技術、調整產業結構的作用。但是，勞務輸入也會帶來民族糾紛、犯罪率上升、新的傳染病的傳入等不利影響。

(4) 國際勞務輸出方式

目前，各國輸出勞務主要採取以下四種形式：一是對外承包工程。國際工程承包一般涉及考察、勘探、設計、施工、安裝、調試、人員培訓甚至經營等工作，這些工作需要派出一定數量的施工、技術和管理人員；二是技術和設備的出口。技術的出口國在向技術的進口國出口技術時，技術的進口國往往要求出口國派出有關技術人員進行技術指導，或對進口國的有關技術人員進行培訓，這種方式派出的勞務人員一般是技術勞務。三是直接出口勞務。有些國家通過簽署合同的方式，直接向需求勞務的國家出口各類勞務人員，如醫生、護士、海員、廚師、教師、體育教練員等；四是在海外投資設廠。一國的投資者在海外創辦獨資企業、合資企業和合作經營企業時，會隨之派出一些技術人員和管理人員，如果東道國允許，甚至還會派出一些普通工人。

5.6.2　國際勞務合同

(1) 國際勞務合同的概念

國際勞務合同是勞務進出口過程中所制定的合同，是指提供方向需求方所在國輸出勞務人員時，雙方就有關輸出勞務人員的權利、義務和各有關事項達成一致意見的書面協議。「勞務」是勞動服務的簡稱。它是一種不以實物形式而以提供勞動形式滿足他人某種需要並索取報酬的服務。這裡的勞務是指本國科技人員、工人等派往需要的國家（地區），在合同期內從事相應的服務工作。它既指體力方面的勞動服務，又指智力方面的勞動服務，屬於商品進出口貿易範疇。勞務輸出不論以哪種方式進行都須簽訂勞務合同。

(2) 國際勞務合同的主要內容

①勞務工資。這是勞務合同的主要條款，主要包括：工資的標準（有月、日和小時工資）、採用的貨幣、與可兌換貨幣的匯率以及保值內容等，以避免匯率風險；計發工資的期限，即工資何時起算、何時終止，一般從受聘人員離國之日或到達目的地之日算起，一直到受聘人員離開為止；工資的支付方式和支付手續，即工資是通過銀行發放還是直接發放；對延發工資的制約內容。

②工作時間和加班費。此條款應清楚規定勞務人員的工作時間，即一周工作幾天、每天工作多少小時以及公休日和應享受的節假日。如果勞務人員的工作時間超過規定的工作時間，那麼勞務人員應享受加班工資。因此，加班工資的標準也要寫清楚，一

一般加班費以小時計，為平日小時工資的2~3倍。

③醫療費。醫療費由聘請方負責，一般在聘請方國家的官方醫療機構治療。如果受聘方自帶醫護人員，經聘請方同意，有關費用也由聘請方承擔。受聘勞務人員如因工致殘或死亡，聘請方應支付一定金額的賠償撫恤金。

④保險費。聘請方有責任為受聘人員投保人身意外險，並承擔費用。投保可以在聘請方國家進行，也可以委託受聘方在其國內投保。

⑤動身費。聘請方在受聘人員動身以前的一段時間內，應付一筆費用給受聘方，以供受聘人員安置家庭和準備行裝。這是國際慣例。

⑥往返旅費。受聘人員赴聘請方國家和回國的往返旅費均由聘請方承擔。這筆費用不能算入工資內。這也是國際慣例。

⑦稅收。受聘人員的一切應繳稅金，也應由聘請方承擔。但是，如果受聘方是採取包工的方式，則其所交稅額由包工方負擔。當然，包工方會把稅金算在包工的價格內。

⑧雙方的責任範圍。此條款應明確規定雙方的責任，主要包括受聘人員的條件和要求、人員的安排和管理、更換和解雇的條件、出入境手續的辦理、勞務的要求和期限、付款方式及付款時間等。

⑨合同的履行和終止。此條款應規定交易雙方對合同履行和終止的責任。某一方不能履約時，應向對方支付一定的賠償金。即使出現不可抗力因素致使合同不能履行的，一方也有權提出終止合同，但要考慮進行適當補償。

（3）國際勞務合同的特點

①標的的商業性。國際勞務合同的標的是勞務。勞務作為商品提供給需求方，是一種特殊的商品進出口貿易。

②較小的風險性。勞務輸出的交易雙方建立的是雇傭關係。輸出勞務的一方出賣的是勞動力、知識和技術，不承擔風險。風險由雇主承擔。

③平等性和保護性。國際勞務合同無論是對雇主還是對勞務輸出方都應是平等的，其平等性表現在合同條款中，即各方的義務、責任、報酬待遇都應該公平合理。特別是對勞務輸出方來說，勞務人員遠在異鄉，可能還有語言障礙，工作和生活中也會遇到很多困難。這就要求合同中詳細地規定解決問題的辦法和基本的保障措施，使勞務人員在發生問題時有法可依、有據可信。

習題

一、單選題

1. 選擇性招標是一種（　　　）。

  A. 公開招標　　　　　　　　B. 談判招標

  C. 國際競爭性招標　　　　　D. 限制性招標

答案：C

2. 國際工程承包是一種（　　）的國際經濟合作方式。
　　A. 綜合性　　　　　　　　　　　B. 專業性
　　C. 區域性　　　　　　　　　　　D. 生產性
答案：A

3. 國際工程承包方式中總包在國際上也叫（　　）。
　　A. BOT 工程　　　　　　　　　　B. TOT 工程
　　C. 聯合承包工程　　　　　　　　D.「交鑰匙」工程
答案：D

4. 下列勞務合作的種類中，屬於按勞務合作內容劃分的類型是（　　）。
　　A. 生產型勞務合作　　　　　　　B. 特種勞務合作
　　C. 服務型勞務合作　　　　　　　D. 精神需要型勞務合作
答案：B

5. 談判招標是一種（　　）方式。
　　A. 公開招標　　　　　　　　　　B. 競爭性招標
　　C. 選擇性招標　　　　　　　　　D. 非競爭性招標
答案：D

二、簡答題

1. 當代國際工程承包市場的特點是什麼？

答：當代國際工程承包市場的特點如下：

（1）國際工程市場上的巨頭壟斷現象日趨明顯。

（2）融資能力的提高是參與競爭的重要砝碼。

（3）國際工程承包市場准入門檻普遍較高。

（4）承包商更加注重工程管理手段的現代化、信息化和規範化。

（5）利潤重心轉移趨勢走強。

2. 國際勞務合作的作用是什麼？

答：國際勞務合作的作用主要表現在以下三個方面：

（1）對勞務輸出國的作用：可以增加外匯收入，改善本國國際收支狀況，緩解國內就業壓力，派出人員到國外工作還可以學習並掌握國外的一些先進技術和管理方法，提高外派勞務人員的素質。

（2）對勞務輸入國的作用：對發達國家來說，通過勞務輸入可以彌補國內勞動力不足或某些行業勞動力短缺的問題。對發展中國家來說，引進技術勞務還可以解決很多國內技術問題，達到引進國外先進技術、調整產業結構的目的。

（3）對整個世界經濟的作用：促進了科學技術在世界範圍內的普及，加深了生產的國際化程度，擴大了貿易的數量。

三、案例分析題

項目名稱：某發電廠工程

業主：某能源生產和輸送總公司（以下稱為 A 方）

總承包商：某有限股份公司，為設備供應商（以下稱為 B 方）

分包商：某土建施工和設備安裝公司（以下稱為 C 方）

1980 年 9 月 21 日，A 方與 B 方簽訂合同，由 B 方總承包 A 方的發電廠工程的全部設計、設備供應、土建施工、安裝。由於國家政策調整，總承包合同簽訂後尚未實施就中斷了 2 年。1983 年 8 月 15 日，A 方決定繼續實施該工程。A、B 雙方簽訂一項修正案，確定原合同有效，並按實際情況對合同某些條款進行了修改。總承包合同總報價為 27,500 萬元。在工程進行中，經過 A 方同意後，B 方與 C 方又簽訂了分包合同，由 C 方承包該項目的機械設備安裝工程，其工程範圍包括隔熱工程、管道工程、汽輪機安裝、鍋爐工程、內燃發電機工程等分項。

由於整個工程倉促上馬，計劃和施工準備不足，施工工程過程中出現了許多問題。報價時 C 方沒拿到隔熱工程詳圖，B 方要求 C 方按經驗估計工程量。C 方按過去的工程經驗估計，隔熱工程僅用於 1~4 號機組和鍋爐，一般的公共工程不用隔熱工程；對於管道，隔熱工程僅用於占管道 5% 的大口徑管。基於這種估計，C 方預計隔熱工程的工程量僅為 2 萬平方米，而在施工中 B 方擴大了隔熱工程範圍，致使工程量增加了一倍，達到 4 萬平方米。而且 B 方在隔熱工程施工中還出現如下失誤：推遲工程施工的開始期，並修改施工計劃和施工順序，壓縮工程工期；沒有及時提供圖紙和安裝準備資料；沒有履行工程監督責任；沒有協調管道鋪設和隔熱工程施工；等等。

1986 年 8 月 1 日，在安裝工程結束前，C 方就上述事件的發生向 B 方提出一攬子分包合同索賠，索賠金額為 2,950 萬元，而合同價為 1,900 萬元。

問題：

1. 國際承包合同文件作為索賠的最主要依據，其內容包括哪些？
2. 什麼是一攬子索賠？這種索賠方式有什麼特點？
3. 本案例中，C 方就上述事件的發生應該怎樣向 B 方提出索賠？

答案：

1. 答：合同文件的組成內容包括：本合同協議書；工程量清單及價格單；本合同條件；投標人須知；合同技術條件；業主授標通知書；合同雙方代表共同簽署的合同補遺；投標人投標時所提交的主要技術和商務文件；其他雙方認為應該作為合同的一部分的文件。

2. 答：一攬子索賠，又稱總索賠，是指承包商在工程竣工前後，將施工過程中未解決的索賠匯總在一起，向業主提出一份總索賠報告的索賠。處理一攬子索賠時，因許多干擾事件交織在一起，影響因素比較複雜，有些證據事過境遷，責任分析和索賠值的計算變得困難，從而使索賠處理和談判都很困難。此外，一攬子索賠的金額較大，往往需要承包商做出較大讓步才能解決。

3. 答：C 方應在引起索賠事件第一次發生之後的 28 天內，將索賠意向以書面形式通知工程師或 B 方，並在發出意向通知後的 28 天內，向工程師提交要求補償經濟損失和（或）延長工期的索賠報告及證據資料。

6 國際租賃

6.1 國際租賃概述

6.1.1 國際租賃的概念

國際租賃（International Letting and Hiring），又稱租賃貿易或租賃信貸，也被稱為國際金融租賃或購買性租賃，是指出租人與承租人簽訂租賃合同，出租人將設備等物品較長期地租給承租人，以提供信貸便利；而承租人則以定期給付租金的方式，獲得設備的使用權。

租賃業務主要包括融資租賃、槓桿租賃、經營租賃、售後回租租賃、維修租賃、綜合租賃等方式。在目前的國際經濟合作中，最常見的是融資租賃、槓桿租賃、經營租賃以及綜合租賃四種方式，因此本書將重點介紹這四種方式。

6.1.2 國際租賃的優勢與局限性

（1）國際租賃對承租者的好處

①有利於提高國際外資的使用效率。企業即使是利用國際信貸購買設備，仍需自籌部分資金，並預付15%的合同價款。而用租賃方式引進，生產企業可先不付現匯資金即可使用設備，留待以後分期支付租金給國外出資者，縮減企業資金週轉的時間，從而達到提高產品質量、增加產量和擴大出口的目的。

②有利於縮短設備的引進時間。國內生產企業如果想要購進一批重型機械，需要自己聯繫外國供貨商，有時甚至需要到廠商所在地考察；需要向銀行申請貸款和外匯，很可能遇到由於企業規模限制而無法申請到目標款項或者審批時間過長的情況；需要委托進口公司購買所需設備；等等。一般來說，這個過程週期長、中間環節多、手續複雜、成本高。而企業如果採用融資租賃的方式，委托租賃機構辦理，則可以省去很多的中間環節，縮短設備的引進時間。

③有利於企業技術的更新換代。企業採用租賃方式，能靈活地按照公司發展的需求，及時替換殘舊和過時的設備，使設備保持高效率及先進性，使企業產品更具有競爭力。尤其是對於經濟壽命較短的設備或技術密集型設備，企業如果採用經營租賃方式引進並由出資者負責維修，能使企業的技術改造有所保障。

④有利於防範通貨膨脹。租賃合同經租賃雙方認可，在形成正式書面合同文件後就固定了下來。因此，在整個租賃期內，合同條款不會變動，即使遇到通貨膨脹或國

際貸款利率上浮等情況，也不會改變合同中已確定的價款、利率和租金。

⑤有利於減少盲目引進的損失。企業購買引進設備，一旦發現其產品不符合國內外市場的要求，要想很快脫手是相當困難的。而企業如果採用經營租賃方式，一旦發現引進設備不利於生產則可立即退租，以使企業損失降到最低程度。

⑥有利於適應暫時性和季節性需要。有些設備在生產中的使用次數不多，卻又不可缺少，如探測儀器、儀表等；有些設備受生產的季節性影響較大，使用的時間少，閒置的時間多，如農用設備等。如果購置備用，則會造成積壓浪費。而採用租賃方式，既便利又節約，還能節省保管和維修費用。

(2) 國際租賃對出租者的好處

①有利於擴大設備銷路。出租者同時承攬融資和聯繫供貨商兩個環節，可以吸引難以一次性付清貨款的承租人，再以租金的形式回收資金。因此，國際租賃是商品擁有者擴大商品銷路的一條新途徑。

②有利於獲得較高的收益。出租者在設備出租期間所獲得的租賃費的總和，一般都比出售該設備的價格要高，而設備的所有權仍屬於出租者，這使得其收益更安全、更可靠。同時，在租賃期間內，對於設備的安裝、調試、檢測、維修、保養、諮詢和培訓等環節，出租人也可以從中獲得收益。

(3) 國際租賃的局限性

①租金高昂，即用租賃方式租賃設備比用現匯或外匯貸款購買設備的成本更高，從而提高了產品的生產成本。通常情況下，高出的幅度可達 12%～17%。

②在租賃期間，承租人只有使用權，設備的所有權仍屬於出租者。因此，承租人不能將租賃物進行技術改造、抵押或者出售。

③租賃設備在租用期滿後的殘值，仍屬於出租人所有。承租人如果採用經營租賃方式，但是對於在設備使用期間所產生的租金，沒有經過仔細的調查研究，也沒有核算租用設備的使用壽命及其利用率，那麼租用期滿後承租人將會面臨一筆很大的損失。

④如果承租人長期按規定支付租金，卻不能保證設備得到充分使用，則會導致生產邊際成本增加。

⑤租賃契約經雙方簽訂認可後，一般不得隨意終止合同，如果一方毀約或不履行有關條款，就要賠償對方損失，且罰款較重。因此，對於是否採用租賃方式，企業應慎重考慮。

6.2 國際租賃方式

6.2.1 融資租賃

融資租賃，又稱設備租賃或現代租賃，是指實質上轉移與資產所有權有關的全部或絕大部分風險和報酬的租賃。資產的所有權最終可以轉移，也可以不轉移。

融資租賃的主要特徵是：由於租賃物件的所有權只是出租人為了控制承租人償還租金的風險而採取的一種形式所有權，在合同結束時最終有可能轉移給承租人，因此

租賃物件的購買由承租人選擇，維修保養也由承租人負責，出租人只提供金融服務。租金計算原則是：出租人以租賃物件的購買價格為基礎，按承租人佔用出租人資金的時間為計算依據，根據雙方商定的利率計算租金。融資租賃實質是依附於傳統租賃的金融交易，是一種特殊的金融工具。其具體特徵包括以下五個方面：

第一，租賃物由承租人決定。出租人出資購買並租賃給承租人使用，並且在租賃期間內只能租給一個企業使用。

第二，承租人負責檢查、驗收製造商所提供的租賃物。對於該租賃物的質量與技術條件，出租人不向承租人做出擔保。

第三，出租人保留租賃物的所有權。承租人在租賃期間支付租金且享有使用權，並負責租賃期間租賃物的管理、維修和保養。

第四，租賃合同一經簽訂，在租賃期間任何一方均無權單方面撤銷合同。只有在租賃物被毀壞或被證明已喪失使用價值的情況下方能中止執行合同，無故毀約則要支付相當重的罰金。

第五，租期結束後，承租人一般對租賃物有留購和退租兩種選擇，若要留購，購買價格可由租賃雙方協商確定。

國際融資租賃的具體程序如圖6-1所示。

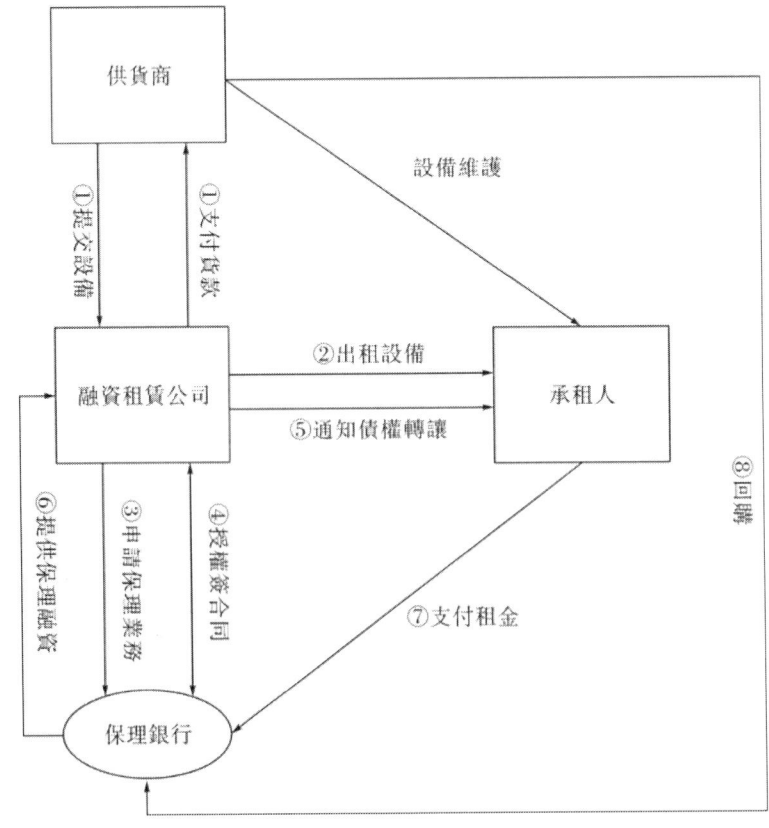

圖6-1　融資租賃交易程序

6.2.2 槓桿租賃

6.2.2.1 槓桿租賃的定義

槓桿租賃是融資租賃的一種特殊方式，又稱平衡租賃、減租租賃或舉債經營融資租賃，即由貿易方政府向設備出租者提供減稅及信貸刺激，從而使租賃公司以較優惠的條件進行設備出租的一種方式。它是目前被廣泛採用的一種國際租賃方式，是一種利用財務槓桿原理的租賃方式。

6.2.2.2 槓桿租賃的參與人

槓桿租賃的參與人至少有三個：貸款人、出租人和承租人。使用這種租賃方式時，出租人自籌租賃設備購置成本的20%~40%的資金，其餘60%~80%的資金由銀行或財團等提供，但出租人擁有設備的法定所有權。這樣，在很多工業發達國家，出租人按其國家稅法規定就可享有按設備的購置成本金額為基礎計算的減稅優惠。但是，出租人需將設備的所有權、租賃合同和收取租金的權利抵押給銀行或財團，以此作為其取得貸款的擔保。每期租金則由承租人交給提供貸款的銀行或財團，由銀行或財團按商定的比例扣除償付貸款及利息的部分，其餘部分交出租人。

6.2.2.3 槓桿租賃的條件

槓桿租賃必須具備以下條件：

①具備真實租賃的各項條件；

②出租人必須在租期開始和租賃有效期間持有至少20%的有風險的最低投資額；

③租賃期滿後租賃物的殘值必須相當於原設備有效壽命的20%，或至少尚能使用1年；

④承租人行使合同規定的購買選擇權時，價格不得低於這項資產當時的公平市場價格。中國租賃市場還不很發達，實踐中，租賃的形式多為典型的融資租賃和出售回租，槓桿租賃的作用還沒有發揮出來。

6.2.2.4 槓桿租賃的程序

槓桿租賃的具體程序包括發起準備和正式進行兩個階段。在正式介紹這兩個階段之前，我們需要對一些法律概念進行介紹。

物主出租人（租賃資產產權所有者）。物主出租人是指槓桿租賃中租賃資產的產權所有者，即多個大銀行和大公司。

物主受託人。物主受託人是槓桿租賃的核心，既是出租資產的法律所有者，又是承租人的出租人，也是發起槓桿融資的債務人。

合同受託人（債權代表人）。多個債權人一般會設立一個合同受託人，負責代表債權人和物主受託人聯繫。

包租人（仲介）。包租人是出租人和承租人之間的中間人，負責起草租賃合同，尋找有利的借款來源、安排、促成租賃合同的簽訂並從中收取佣金。

(1) 發起準備階段的業務程序

①承諾。包租人和未來承租人簽訂一項具有承諾性質的租賃委託書，並列出主要條款。

②包租人尋找股權投資人和債權人。包租人與承租人簽訂委託書後，一邊與其他投資人聯繫安排「股權承諾」，一邊與未來債權人聯繫貸款。

③尋找物主受託人和合同受託人。由物主出租人與承租人共同選定一個物主受託人；如果有多個債權人，就選定一個合同受託人。

④上述當事人簽訂一項參與協議。

(2) 正式進行階段的業務程序

①簽署信託協議。物主出租人與物主受託人簽訂信託協議，明確物主出租人（產權所有者）的投資比例和金額；物主受託人與合同受託人（債權代表人）簽訂合同信託協議，確定貸款人在設備總投資中的貸款比例；主受託人與債權人分別把投資現金和貸款款項交付給合同受託人。主受託人根據信託協議規定，正式向股權人、債權人簽發信託證書、借據或債據作為設備產權和設備物主憑證或債權憑證。

②簽訂租賃合同。出租人以物主受託人為代表，與承租人（客戶）簽訂租賃合同。

③簽訂擔保書。物主受託人與合同受託人（債權代表人）簽訂擔保書，將設備物權、租賃合同和收取租金的權利抵押給合同受託人，以此作為對債權人提供無追索權貸款的擔保。

④簽訂購貨協議。承租人與供貨廠商簽訂購貨協議。

⑤簽訂購買協議轉讓書。購買協議轉讓書是在購貨協議的基礎上，承租人表明將其購買設備的權利，包括獲得服務和培訓的權利都轉讓給物主受託人的協議書。

⑥合同受託人向廠商支付貨款。

⑦根據擔保協議規定，廠商將設備物權交給物主受託人。

⑧供貨廠商向承租人直接發貨。承租人向物主受託人簽發租賃設備收據。至此，租賃正式開始。

⑨租金分配。承租人向合同受託人支付租金；合同受託人收到租金後，按協議規定向債權參加者償付到期的債務本息，並在扣除信託費等費用後將租金餘額交給物主受託人；物主受託人將收到的租金餘額先扣除信託費等費用，再按出資比例分付給每個產權參加者。

6.2.3 經營租賃

經營租賃，又稱業務租賃。它是指為滿足承租人臨時使用資產的需要而安排的「不完全支付」式租賃，是一種純粹的、傳統意義上的租賃。承租人採用經營租賃方式租賃資產只是為了滿足經營上短期的、臨時的或季節性的需要，並沒有添置資產的企圖。

經營租賃的特點主要包括以下三個方面：

①可撤銷合同期間，承租人可中止合同並退回設備，以租賃更先進的設備。

②基本租期內，出租人只能從出租中收回設備的部分墊支資本，其餘部分設備資

本及承租人應得利潤則需通過該項設備以後多次出租給承租人使用方能收回。

③租賃機構不僅提供融資便利、還提供維修、管理等服務，對出租設備的適用性、技術性能負責，承擔過時風險並負責購買保險。

經營租賃泛指融資租賃以外的其他一切租賃形式。租賃開始日租賃資產剩餘經濟壽命低於其預計經濟壽命25%的租賃，也視為經營租賃，而不論其是否具備融資租賃的其他條件。經營租賃是由大型生產企業的租賃部或專業租賃公司向用戶出租本廠產品的一種租賃業務。出租人一般擁有自己的出租物倉庫，一旦承租人提出要求，即可直接把設備出租給用戶使用。同時，出租人還可為承租人提供設備的保養、維修服務。承租人按租約交租金，在租用期滿後退還設備。這種租賃方式適用於租賃期較短、技術更新較快的項目，且在租約期內可中止合同、退還設備，不過租金相對要高些。採取經營租賃方式時，出租人必須連續多次出租設備才能收回設備的投資並獲取利潤，故也稱經營租賃為「非全額清償」的租賃。

6.2.4 綜合租賃

（1）綜合租賃的定義

綜合性租賃是一種租賃與其他貿易方式相結合的租賃。如租賃與購買、租賃與補償貿易、租賃與來料加工、租賃與來件裝配等。這不僅可以減少承租人的外匯支出，還可以擴大承租人與出租人之間的貿易往來，使貿易與租賃業務共同發展。

租賃與補償貿易結合，指的是國外出租人把設備租賃給國內的承租人，承租人將租賃來的設備所生產的產品用來償付租金。租賃與來料加工、來件裝配結合指的是承租人接受出租人的來料加工業務或來件裝配業務，以加工費來支付租金。

（2）綜合租賃的特點

①綜合租賃的法律關係的主體除供貨人、出租人和承租人外，有時還包括在各種具體貿易形式中充當媒介的第三人。

②綜合租賃除具有租賃物購買和融資租賃相結合的特點外，往往還與各種具體貿易直接聯繫，並通常享受相關國家的貿易政策優惠。

③在綜合租賃關係中，承租人的租金並非以現匯方式支付，而是通過產品償付、加工費抵扣、包銷第三人轉付等方式進行支付。

④綜合租賃的承租人可按約享有留購選擇權，且能夠充分享受稅收和會計政策上的優惠。

6.3　國際租賃合同

（1）國際租賃合同的定義

國際租賃合同是出租人與承租人為租賃一定資產而明確相互權利與義務的協議。承租人在合同規定的時間內，使用該資產並支付相應的租金。

（2）國際租賃合同的基本內容

一項國際租賃服務貿易往往涉及多份合同，如購貨合同、租賃合同、貸款合同、維修合同、保險合同等。租賃合同只是其中的基本合同，屬於經濟合同的範疇。在國際租賃業務中，由於實際運用的租賃方式及租賃物的不同，租賃合同的內容也不完全相同，但一般應包括以下基本內容：

①合同簽訂日期和租賃期限。合同簽訂日期為租賃雙方當面簽署合同的當日日期，一般不等於租期的起算日。租賃期限一般從承租人驗收租賃物之日算起，但如果設備需要安裝，則應從設備安裝完畢、承租人正式開始使用算起。租期的長短主要依據設備的使用壽命而定。

②合同的當事人。租賃合同涉及的當事人，主要是指出租人和承租人。出租人是租賃資產的所有者，而承租人則是租賃資產的使用者。在合同中須註明當事人的姓名和地址。

③租賃資產。在租賃合同中應明確租賃資產的價格、名稱、規格、型號、數量等，以及承租人使用租賃物時應注意的各種事項。

④租金。涉及租金的條款必須明確總租金額、每期支付的租金額、支付方式、支付時間和支付幣種等，不同的支付方式和支付期限組合，可能導致總租金額不同。承租人應根據自己對資金和租賃設備的需求，靈活地選取對自己有利的方式。

⑤租賃資產的購買與交貨。承租人需要在合同中註明所選租賃設備，向出租人明確租賃物的交貨期、交貨地點、驗貨時間、驗貨方法等，以及交貨人不能按時交貨應承擔的責任。

⑥納稅。國際租賃貿易涉及海關關稅、工商統一稅等多種稅款的繳付問題，合同當事人應在合同中明確各方應承擔支付的稅收種類。

⑦租賃物的維修、保養。租賃合同須明確承租人對設備的保管義務，在使用設備時應注意的事項。融資性租賃合同一般規定由承租人支付租賃物的維修費用，而經營性租賃合同往往由出租人或製造商負責租賃物的維修及保養。

⑧保險。租賃雙方應在合同中規定由誰為租賃物投保，如果是由承租人支付保費，承租人應以出租人的名義為租賃物投保，如因保險範圍內的風險致使租賃物受損的，承租人須及時向出租人提交有關文件，幫助出租人順利獲取保險賠償金。

⑨租賃保證金和保證書。出租人收取保證金，是為了防範承租人違約的風險，一般不計利息，合同約滿則退還給承租人。一旦承租人違約，出租人有權從租賃保證金中扣抵承租人應該繳付的款項。而為了進一步防範承租人出現違約情況，出租人可能會要求承租人尋找擔保人（一般是銀行）出具擔保書。

⑩租賃物期滿後的處理。在租賃合同中，應明確租賃期滿後租賃物的處理方法，包括退還、續租、回購等方式。

⑪仲裁條款。租賃合同中應規定交易過程如果出現違約情況的賠償金額和爭議的解決方法。《中華人民共和國涉外經濟合同法》規定，合同當事人可以選擇處理合同爭議所適用的法律。當事人沒有選擇的，適用與合同有最密切聯繫的國家的法律。

(3) 租金

①租金的構成。租金是出租人因出租設備向承租人收取的收益。租金的高低與設備的購買價格、各種手續費以及租期直接相關。簡單的租金等額支付法計算公式為：

租金＝［（租賃物購買價格－估計殘值）＋利息＋利潤＋手續費＋保險費］／租期

租賃物購買價格指出租人根據承租人的要求，出資購買租賃物所發生的費用，包括購買設備的貨價、運輸費等。

融資利息指租賃公司為了購買設備而向銀行或金融機構籌借資金，因此設備的租金中包括應支付銀行的利息。

各種手續費即出租人為承租人辦理租賃業務所支付的費用，如辦公費、差旅費、稅金等。

租賃物殘值的計算與折舊期有關，一般而言，如果租賃期滿後租賃物殘值較大，則其租金就低。

利潤是出租人出租物品應獲取的收益，出租人的利潤來自租金。

保險費即為租賃物投保所付的費用。

在國際租賃貿易中，由於各國金融市場利率不同，合同雙方需要根據取得貨幣的利率來計算每期租金。一般而言，租賃租金總額應高於租賃設備購買價的12%～17%，而不超過購買價的22%。由於租賃是分期支付，因此用租賃方式比用貸款方式（包括付息）購買物品更劃算。

②租金的支付方式。在國際租賃貿易中，由於承租人不同、租賃物的用途不同，租金的支付方式也有所不同。如出租電子計算機是按規定的使用時間計算租金、出租飛機則按飛行時數計算租金。

租賃合同須明確規定租金的支付時間，一般每周、每月、每半年或每年支付一次。如果租期不到1個月，通常要求承租人在簽訂租賃合同時就付清全部租金。

在國際租賃貿易中，有時要求預先支付全部或部分租金。預付租金實際上是繳納保證金的一種形式，承租人一般預先支付相當於幾個月或幾個季度的租金；在不要求預付租金的租賃業務中，承租人通常在使用租賃設備並取得利潤後才支付第一次租金。在實際租賃業務中，後一種方式採用得較多。

租金通常不得提前支付。在租賃交易中，當事人會在租賃合同中具體規定租金支付的次數、每次支付的租金金額和日期，而且出租人一般要求不得提前支付租金，否則要加收罰息。之所以這樣，是因為租賃公司本身一般為非存款性機構，只有少數自有資本金，需要較多地從資金市場籌措資金，儘管它們可以將回收的租金存入銀行或重新投入市場，但存款利息遠低於租金。此外，再尋找合適的新客戶也需要時間。

6.4 國際租賃機構及實施程序

6.4.1 國際租賃機構

目前，國際上經營租賃業務的機構大致可分為四類，即租賃公司、金融機構、製

造商和經銷商、國際性聯合機構。它們共同構成國際租賃市場。

(1) 租賃公司

租賃公司是以出租設備或工具並收取租金為業的金融企業。作為非銀行金融機構，它以融物的形式起著融資的作用。租賃公司主要分為專業租賃公司和非專業租賃公司。專業租賃公司以租賃為主，兼營其他相關業務，如金融租賃公司、中外合資租賃公司、傳統租賃公司。非專業租賃公司一般不以租賃為主，但其經營範圍內有租賃業務，如信託投資公司、財務公司、金融資產管理公司、戰略投資機構等。還有一些行業具有租賃性質，但沒有被劃分為租賃行業，如旅遊、房地產、交通運輸等短期擁有使用權的行業。這些行業已另成體系，不以租賃進行分類和統計。

(2) 金融機構

西方很多國家的銀行或其他金融機構常常利用其雄厚的資金在其內部設立經營租賃業務的部門，或幾家金融機構聯合組成從事租賃業務的機構。

(3) 製造商和經銷商

20 世紀 70 年代以後，很多發達國家機械設備的製造者和經銷商，開始在本企業內部設立從事租賃業務的部門或直屬的租賃公司，以經營本企業所生產或銷售的設備的租賃業務。

(4) 國際性聯合租賃機構

國際性聯合租賃機構，是指突破狹窄的國內市場，聯合國際資本為國際經濟合作提供租賃服務的國際機構。例如，1973 年，16 個歐洲國家的租賃協會和公司組成了歐洲租賃同盟。

6.4.2 國際租賃基本程序

出租人與承租人簽訂租賃合同後，出租人按照合同規定與符合條件的設備供貨商簽訂買賣合同，獲得設備所有權。一旦出租人支付貨款，供貨商即向承租人提供現成的設備，承租人只需要按照租賃合同的規定按期支付租金，即可擁有設備的持續使用權。國際租賃基本程序如圖 6-2 所示。

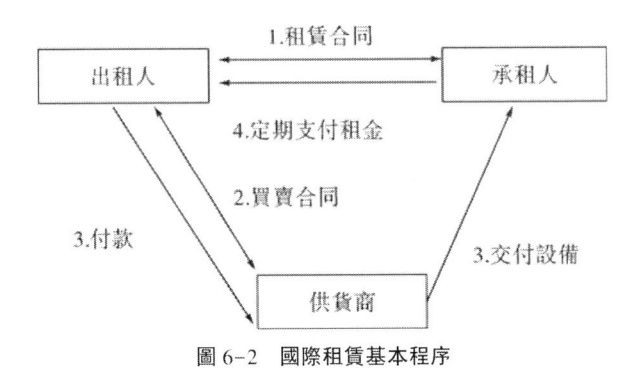

圖 6-2 國際租賃基本程序

習題

一、單選題

1. 下列選項中被稱為金融租賃的是（　　）。
   A. 融資租賃　　　　　　　B. 經營性租賃
   C. 節稅租賃　　　　　　　D. 銷售式租賃

   答案：A

2. 返租式租賃是一種（　　）的做法。
   A. 購進租出　　　　　　　B. 租進租出
   C. 租出租進　　　　　　　D. 賣出租進

   答案：D

3. 關於初始直接費用，下列說法中錯誤的是（　　）。
   A. 承租人融資租賃業務發生的初始直接費用應計入租入資產的價值
   B. 承租人融資租賃業務發生的初始直接費用應計入管理費用
   C. 承租人經營租賃業務發生的初始直接費用應計入當期損益
   D. 出租人經營租賃業務發生的初始直接費用應計入當期損益

   答案：B

4. 出租人對於融資租賃產生的「遞延收益」，在資產負債表中反應的項目是（　　）。
   A. 主營業務收入　　　　　B. 其他業務收入
   C. 遞延收益　　　　　　　D. 應收融資租賃款

   答案：D

二、簡答題

1. 現代租賃的特徵是什麼？

   答：現代租賃的特徵主要包括以下幾個方面：

   （1）現代租賃屬於服務貿易，是集金融、貿易、服務為一體的知識密集型和資金密集型邊緣產業。

   （2）現代租賃是金融和貿易結合的產業，必須具備兩個基本市場才能開展業務。

   （3）現代租賃將所有權分為三類：法律所有權（融資租賃中對物權處置的權利）、稅務所有權（享受租賃物件折舊的權利）和會計所有權（租賃物件資本化的權利）。

   （4）現代租賃靠4個支柱（法律、會計準則、稅收、監管）的支撐才能健康發展。

2. 國際租賃在經濟發展中的作用是什麼？

   答：國際租賃在經濟發展中的作用包括兩個方面內容：

   （1）對承租者而言：充分利用外資；縮短設備、技術的引進時間；促進企業技術

改造；避免國際通貨膨脹的不利影響；減少盲目引進的損失；滿足了暫時性和季節性需要。

（2）對出租者而言：擴大設備銷售；獲得較高收益；能夠得到繳納稅金的優惠待遇，享受稅負和加速折舊的優惠。

三、案例分析題

某醫院通過一家國際租賃公司，以融資租賃的方式引進一臺國外生產的核磁共振設備。在合同執行期內，該院設備管理人員進行了更換。新的設備管理者兩次向租賃公司提出更換一臺新設備的要求，其理由是原設備的性能落後，不能滿足需要。租賃公司未同意這一要求。為此該醫院設備管理人員很不滿意，並未按時支付租金，醫院和租賃公司發生爭議。

問題：

請分析此案中哪方的做法不妥，為什麼？

答：醫院方不妥。融資租賃是出租人根據承租人對出賣人、租賃物的選擇，向出賣人購買租賃物後提供給承租人使用，由承租人向出租人支付租金的交易方式。在本案例中，融資公司在提供機器時，是根據醫院的技術、資金要求提供的相應的機器。醫院當時和供貨商共同選擇的這個型號的機器，再讓出租人出錢買下來，租給自己使用。合同生效後，出租人沒有義務按承租人的意願更換租賃物，承租人也沒有權利要求出租人更換。如果想換的話，醫院方可以在租賃物到期以後，選擇不留購物品，然後再重新簽訂一份融資租賃合同。承租人應按合同約定支付租金及逾期利息，並賠償出租人相應的損失。本案例中醫院的行為已經是違約行為。

7 國際稅收

7.1 國際稅收概述

7.1.1 國際稅收的含義與特徵

(1) 國際稅收的含義

國際稅收是指兩個或兩個以上的國家政府憑藉其政治權力,對跨國納稅人的跨國所得或財產進行重疊交叉徵稅的過程中所形成的國家之間的稅收分配關係。

從稅收的起源與本質考察,稅收的基本概念是:稅收是國家憑藉其政治權力,按照法律規定標準,對一部分社會產品進行無償分配以取得財政收入的一種形式,體現著以國家為主體的特定分配關係。

(2) 國家稅收與國際稅收的區別

國際稅收作為稅收的一個分支,與國家稅收一樣,都是國家憑藉政治權力所進行的一種分配。然而,國際稅收與國家稅收是有區別的,兩者不能等同。

國家稅收是一國政府憑藉其政治權力對其所管轄範圍內的納稅人進行的徵稅。它沒有超越一個國家的疆界。國際稅收是兩個或兩個以上的國家政府,對同一跨國納稅人的跨國所得或財產進行重疊交叉徵稅的結果,是一個超越國界的概念。

國際稅收仍然具有稅收的諸要素,但其納稅人應是從事跨國經濟活動的單位或個人,其徵稅對象主要是跨國所得和一般財產價值。國際稅收所涉及的跨國所得是指有關國家政府之間重疊交叉徵稅的所得,範圍比較廣泛。而國家稅收的納稅人是其管轄範圍內的納稅人,徵稅對象是國內應稅所得。

國際稅收的實質仍然是一種分配關係,但它不能等同於國家稅收這種分配關係,而是涉及國家與國家之間的稅收分配關係。

國際稅收涉及的納稅人是跨國的納稅人。跨國納稅人的經濟活動跨出國界,並負有對有關國家政府的納稅義務,使相關國家之間發生稅收分配方面的國際關係。

(3) 國際稅收的基本特徵

①國際稅收的課稅主體是兩個或兩個以上的國家。國際稅收是指兩個或兩個以上的國家在對從事國際經濟活動的跨國納稅義務人行使徵稅權力時所發生的國家之間的稅收權益的協調關係。

②國際稅收涉及的納稅人具有跨國性。這一特徵主要體現為納稅人的經濟活動跨越了國界。

③國際稅收涉及的課稅對象具有跨國性。國際稅收的納稅人的應稅所得是其跨國所得和一般財產價值，具有跨國性。

④國際稅收的實質具有雙重性。國際稅收的雙重性表現在兩個方面：一是跨國納稅人的身分具有雙重性，二是納稅形成的關係具有跨國性。

⑤國際稅收調整依據的雙重性。國際稅收調整的依據是兩國之間的政治關係，兩國同時對國際稅收具有管轄權，這是國際稅收調整的雙重性所在。

7.1.2 稅收管轄權與國際雙重徵稅

（1）稅收管轄權的概念

稅收管轄權是指主權國家根據其法律所擁有和行使的徵稅權力，是國際法公認的國家基本權利。除《維也納外交關係公約》（1961年）和《維也納領事關係公約》（1963年）對外國使者、領館官員的稅收管轄權規定有限制的條款以外，主權國家有權按照各自的政治、經濟和社會制度，選擇最適合本國權益的原則確定和行使稅收管轄權，規定納稅人、課稅對象及應徵稅額，外國無權干涉。

（2）稅收管轄權的分類

①地域管轄權。一個主權國家按照領土原則（又稱屬地原則）所確立的稅收管轄權，稱為地域管轄權。實行地域管轄權的國家，以收益、所得來源地或財產存在地為徵稅標誌。也就是說，它要求納稅人就來源於本國領土範圍內的全部收益、所得和財產繳稅。地域管轄權實際上可以分為兩種情況：一是對本國居民而言。本國居民只需就其本國範圍內的收益、財產和所得納稅，即使在國外有收益、所得和財產，也沒有納稅義務；二是對本國非居民（外國居民）而言。本國非居民必須對其在該國領土範圍內的收益、所得和財產承擔納稅義務。

在實行地域管轄權的條件下，主權國有權對本國非居民徵稅，這必然會導致國家與國家之間稅收關係的重複課稅。因此，國家之間必須對此加以協調。

②居民管轄權。所謂居民管轄權，就是一個主權國家按照屬人原則所確立的稅收管轄權。該原則規定，實行居民管轄權的國家，只對居住在本國的居民或者屬於本國居民的一切收益、所得和財產徵稅，而不必考慮其是否在本國居住。換言之，一個國家徵稅的範圍可以跨越國境，只要是屬於本國居民取得的所得，不論是境內所得還是境外所得，國家均享有徵稅的權力。那麼，如何判斷一個人是否是一個居民呢？國際稅收的判定標準是看自然人在該國是否有住所或居所，前者是指永久性居住地，後者是指一般居住地。

③雙重管轄權。所謂雙重管轄權，就是一國政府同時運用地域管轄權和居民管轄權，即對本國居民，運用居民管轄權，對其境內、境外的收益、所得和財產徵稅，而對本國非居民（外國居民），則運用地域管轄權，對其在該國境內取得的收益、所得和財產徵稅。

採取雙重管轄權的理由是，有一部分國家認為在只運用單一管轄權的情況下，不足以保證本國的稅收權益。如只運用地域管轄權，則本國居民的境外稅收就會損失；而只運用居民管轄權，則本國非居民的稅收就會損失。因此必須綜合運用兩種管轄權，

以保證本國的經濟利益。

（3）國際雙重徵稅的含義

國際雙重徵稅又稱國際重複徵稅，是指兩個或兩個以上的國家各自依據自己的稅收管轄權就同一稅種對同一納稅人的同一徵稅對象在同一納稅期限內同時徵稅。在跨國公司大量發展以後，母公司、子公司以及多層子公司獨立經濟實體之間的重疊徵稅，在一定條件下也被視為國際雙重徵稅。

（4）國際雙重徵稅產生的原因

國際雙重徵稅產生的基本原因在於國家間稅收管轄權的衝突。這種衝突通常有三種情況：

①不同國家同時行使居民稅收管轄權和收入來源地稅收管轄權，使得具有跨國收入的納稅人，一方面作為居民納稅人向其居住國就世界範圍內的收入承擔納稅義務；另一方面作為非居民納稅人向收入來源地就其在該國境內取得的收入承擔納稅義務。

②居民身分確認標準的不同，使得同一跨國納稅人在不同國家都被認定為居民，都要承擔無限的納稅義務。

③收入來源地確認標準的不同，使得跨國納稅人的同一跨國所得同時歸屬於兩個不同的國家，並向兩個國家承擔納稅義務。

各國所得稅制的普遍化是產生國際雙重徵稅的另一原因。當今世界，除了實行「避稅港」稅收模式的少數國家外，各國幾乎都開徵了所得稅。所得稅制在世界各國的普遍推行以及所得稅徵收範圍的擴大，使得國際重複徵稅的機會大大增加了。

（5）避免國際雙重徵稅的方法

①免稅法。免稅法是指居住國政府對本國居民來源於境外並已向來源國政府繳稅的所得免於徵稅的方法。具體又分為金額免稅法和累進免稅法。

全額免稅法，即居住國政府對本國居民納稅人徵稅時，允許本國居民其應稅所得額中扣除來源於境外並已向來源國納稅的那部分所得。這種辦法在目前的國際稅務實踐中已不多見。

累進免稅法，即居住國政府對來源於境外的所得給予免稅，但在確定納稅人總所得的適用稅率時，免稅所得要並入計算。也就是說，對納稅人其他所得的徵稅，仍適用於其免稅所得額扣除前適用的稅率。目前實行免稅制的國家大多採用這種辦法。

②扣除法。扣除法是居住國政府允許納稅人就境外所得向來源國繳納的稅款從國內外應稅所得中扣除的一種方法。

扣除法的指導原則是把居住在本國的跨國納稅人在收入來源國繳納的所得稅視為一般的費用支出而在計稅所得中減除。與免稅法相比，在扣除法下，納稅人的稅收負擔更重，其國外所得並沒有完全消除重複徵稅，只是有所減輕。

③抵免法。抵免法的全稱為外國稅收抵免，是目前國際上比較通行的消除雙重徵稅的方法。根據這一方法，居住國政府按照居民納稅人來源於國內外的全部所得計算應納稅額，但允許納稅人從應納稅額中抵免已在收入來源國繳納的全部或部分稅款。抵免法可分為直接抵免法與間接抵免法。

直接抵免是相對於間接抵免而言的。允許直接抵免的外國稅收必須是跨國納稅人

直接向來源國繳納的。直接抵免的基本特徵是外國稅收可以全額、直接地充抵本國稅收（即全額抵免），可能的限定條件是同一項跨國所得的外國稅收抵免不能超過居住國的稅收負擔（即限額抵免）。

間接抵免一般適用於企業的國外子公司所繳納的所得稅的抵免。

④低稅法。低稅法，是指對居住國居民來源於國外的所得或對來源於本國所得的非居民納稅人，採用較低的稅率或減免等優惠政策，如比利時政府規定對來源於國外的所得按正常稅率減徵80%。

7.2 國際避稅與國際反避稅

7.2.1 國際避稅的概念

國際避稅是指跨國納稅人利用兩個或兩個以上的國際稅法和國際稅收協定的差別、漏洞、特例和缺陷，規避其總納稅義務的行為。稅收是國家對納稅人（納稅主體）和徵稅對象（納稅客體）進行的課證。因此，要規避稅收，就要避免成為納稅主體和納稅客體。

國內避稅是指一國納稅人利用本國的稅法漏洞進行的避稅，不涉及納稅人跨越國境的活動，是納稅人規避其在居住國的納稅義務。而國際避稅則是納稅人利用國與國之間的稅法差異，鑽涉外稅法和國際稅法的漏洞而進行避稅。這種避稅活動需要納稅人從事一些跨越本國國境的活動，如納稅人自身跨越本國國境，或者納稅人將自己的資金或財產轉移出本國，使其在國家間進行流動。國際避稅所要規避的納稅義務不僅限於納稅人的居住國，而且還包括納稅人所得的來源國。納稅人進行國際避稅的目的往往不是減輕其在某一國的稅收負擔，而是減輕其全球總稅負。另外，也有人從特定國家的稅收利益出發，把納稅人通過跨國交易造成居住國或某一來源國出現稅收收入損失的行為視為國際避稅。但是在這種情況下，納稅人在一國得到的稅收利益會被其在別國的納稅義務所抵消，從而其全球總稅負並沒有減輕。

7.2.2 國際避稅產生的原因

面對競爭激烈的國際市場，跨國納稅人在利益機制的驅使下，精心研究有關國家的稅收法規制度，利用各國稅收上的差異減輕稅負，以謀求利潤最大化。除上述主觀原因之外，還存在可使跨國納稅人的國際避稅成為現實的客觀原因，具體表現在以下三個方面：

（1）各國稅收制度的差異

各國稅收制度的差異包括：稅負輕重不同；稅制不公平；稅收管轄權的不同；徵稅的客觀依據不同；稅率水平、稅率形式的不同。

（2）各國避免國際雙重徵稅辦法的差異

各國都選擇於自己有利的方法。這就誘發了國際避免，為了避免國際雙重徵稅，

各國都採取了一定的措施。但各國採用的稅收方法不同，有的採用免稅法，有的採用抵免法。

(3) 各國徵管水平及其他非稅因素的差異

各國稅務當局及其官員的徵收管理水平的不同，也會導致納稅人稅負的不同，從而產生國際避稅。同時，並非所有國家都認為國際避稅是需要打擊的行為。避稅在一些國家被認為是逃稅，而在另一些國家則被認為是合法和合理的行為。有些國家正有意或無意地提供被其他國家反對的避稅機會，以吸引跨國納稅人前去投資經營或從事其他活動。

7.2.3 國際避稅的主要方法

國際避稅就是跨國納稅人通過利用有關國家稅法、國際稅收協定等的差別、漏洞、特例和缺陷，規避納稅義務、不納稅或少納稅。國際避免的基本方式主要包括以下四種：

(1) 轉讓定價避稅

轉讓定價避稅是指跨國納稅人人為地壓低中國境內公司對境外關聯公司關於銷售貨物、貸款、服務、租賃和轉讓無形資產等業務的收入或費用分配標準，或有意提高境外公司對中國境內關聯公司關於銷售貨物、貸款、服務等業務的收入或費用分配標準，將公司利潤轉移到低稅國家（地區）的關聯公司，從而降低公司的納稅總額。

(2) 利用國際避稅地避稅

國際避稅地，也稱避稅港或避稅樂園，是指一國為吸引外國資本流入、彌補自身資本不足、改善國際收支情況或引進外國先進技術以提高本國技術水平，在本國或確定範圍內，允許外國人在此投資和從事各種經濟活動取得的收入或擁有的財產可以不必納稅或只需支付很少稅收的地區。利用國際避稅地避稅最常見、最一般的方法就是跨國公司在國際避稅地虛設經營機構或場所以轉移收入和利潤。

(3) 利用國際稅收協定避稅

國際稅收協定是兩個或兩個以上主權國家為解決國際雙重徵稅問題和調整國家間稅收利益分配關係，本著對等原則，經由政府談判所簽訂的一種書面協議。為達到消除國際雙重徵稅的目的，締約國間都要做出相應的約束和讓步，從而形成締約國居民適用的優惠條款。目前，中國已同80多個國家簽訂稅收協定。然而，國際避稅活動是無孔不入的，一些原本無資格享受某一特定稅收協定優惠的非締約國居民，採取種種巧妙的手法，如通過設置直接的導管公司或直接利用雙邊關係設置低股權控股公司而享受稅收協定優惠待遇，從而減輕其稅負。

(4) 利用電子商務避稅

電子商務是採用數字化電子方式進行商務數據交換和開展商務業務的活動，是在互聯網與傳統信息技術系統相結合的背景下產生的相互關聯的動態商務活動。電子商務在實現書寫電子化、信息傳遞數據化、交易無紙化、支付現代化的同時，也引起了審計環境、審計線索、審計信息的儲存介質、審計技術方法、審計方式等的重大變化。國際稅收中傳統的居民定義、常設機構、屬地管轄權等概念無法對其進行有效的約束，

也無法準確區分銷售貨物、提供勞務和轉讓特許權。因此，電子商務的迅速發展既推動了世界經濟的發展，同時也對世界各國政府的國際反避稅提出了新要求。

7.2.4 國際反避稅措施

國際避稅的存在，對國際經濟交往和有關國家的財權利益以及納稅人的心理都產生了不可忽視的影響。因此，有關國家針對跨國納稅人的國際避稅行為，採取了相應的措施加以限制。國際反避稅措施主要包括以下五個方面：

（1）防止通過納稅主體國際轉移進行國際避稅的一般措施

①對於自然人利用移居國外的形式規避稅收的行為，有的國家規定，必須屬於「真正的」和「全部的」移居才能脫離與本國的稅收徵納關係，而對「部分的」和「虛假的」移居則不予承認。如德國規定，納稅自然人雖已失去本國居民身分，但仍與本國有經濟聯繫的，應連續對其徵收有關的所得稅，視其為特殊的「非居民」。

②對於法人利用變更居民或公民身分的形式規避稅收的行為，有的國家實行有條件的允許。荷蘭曾規定，准許本國企業在戰時或其他類似禍害發生時遷移到荷屬領地，而不做避稅處理，但對於其他理由的遷移，一般認為是以避稅為目的而不予承認，仍連續負有納稅義務。

（2）防止通過徵稅對象國際轉移進行國際避稅的一般措施

國際關聯企業之間的財務收支活動、利潤分配形式體現著「集團利益」的特徵，對這種避稅活動的限制，關鍵是應堅持「獨立競爭」標準，即按照有關聯的公司的任何一方與無關聯的第三方公司，各自以獨立經濟利益和相互競爭的身分出現，在相同或類似的情況下，從事相同或類似的活動所應承擔的成本、費用來考查、衡量某個公司的利潤是否正常，公司之間是否發生了不合理的安排。凡是符合「獨立競爭」標準的，在徵稅時就可以承認，否則，要按照這一標準進行調整，這樣就可以達到防止避稅的目的。

（3）轉讓定價調整

關聯企業之間銷售貨物或財產的定價問題，一直是國際反避稅的一個焦點。其關鍵在於確定一個公平的價格，並以此來衡量納稅人是否通過轉讓定價方式規避稅收。美國在《國內收入法典》中規定，關聯企業或公司彼此出售貨物或財產時，財政法規規定的公平價格，就是比照彼此無關聯各方在同等情況下出售同類貨物或財產所付出的價格。調整轉讓定價的方法主要有以下四種：一是可比非受控價格法，即通過比照沒有任何人為控制因素的賣給無關聯買主的價格來確定；二是再售價格法，即在沒有可比照價格的情況下，以關聯企業交易的買方將購進的貨物再銷售給無關聯企業關係的第三方時的銷售價格扣除合理的購銷差價來確定；三是成本加利法，即在沒有可比照價格且購進貨物經過加工有了一定附加值的情況下，採用以製造成本加上合理的毛利，並按正規的會計核算辦法形成價格的方法；四是可比利潤法，即把關聯企業的帳面利潤與經營活動相類似的非關聯企業的實際利潤相比較，或者將關聯企業的帳面利潤與其歷史同期利潤進行比較，得出合理的利潤區間，並據此對價格進行調整。

（4）防止利用避稅地避稅的措施

針對國際避稅地的特殊稅收優惠辦法，一些國家從維護自身的稅收權益出發，分別在本國的稅法中相應做出規定，以防止國際避稅發生。其中美國的防範措施規定最複雜，也最典型。

（5）加強徵收管理

近幾十年來，許多國家主要從以下三個方面加強了徵收管理，制定了比較嚴密的稅收管理制度。

①納稅申報制度。嚴格要求一切從事跨國經濟活動的納稅人及時、準確、真實地向國家稅務機關申報自己的所有經營收入、利潤、成本或費用列支等情況。

②會計審計制度。與納稅申報制度密切相關的是如何對跨國納稅人的會計核算過程及結果進行必要的審核，以檢查其業務或帳目有無不實、不妥以及多攤成本費用和虛列支出等問題。

③所得核定制度。許多國家採用假設或估計的方法確定國際稅納人的應稅所得。徵稅可以基於一種假設或估計之上，這不是對稅法的背棄，而是在一些特殊的情況下比較有效的辦法。如在納稅人不能提供準確的成本或費用憑證，不能正確計算應稅所得額時，可以由稅務機關參照一定的標準，估計或核定一個相應的所得額，然後據以徵稅。

習題

一、單選題

1. 下列選項中，屬於國際稅收的研究對象的是（　　）。
   A. 各國政府處理與其管轄範圍內的納稅人之間的徵納關係的準則和規範
   B. 各國政府處理與其管轄範圍內的外國納稅人之間的徵納關係的準則和規範
   C. 各國政府處理與其他國家之間的稅收分配關係的準則和規範
   D. 各國政府處理與外國籍跨國納稅人之間的稅收徵納關係以及與其他國家之間的稅收分配關係的準則和規範

   答案：C

2. 對跨國納稅人來自非居住國的投資所得行使所得來源地管轄權的規範時，其標準是（　　）。
   A. 實際支付地標準　　　　　B. 勞務提供地標準
   C. 權利使用地標準　　　　　D. 比例分配標準

   答案：C

3. 跨國納稅人從事跨國經營和勞務，可能發生國際收入和費用分配的是（　　）。
   A. 關聯公司之間　　　　　　B. 跨國公司與無關聯公司之間
   C. 無關聯公司之間　　　　　D. 跨國自然人

答案：A

4. 國際雙重徵稅的擴大化問題主要導源於（　　）。
    A. 不同的稅收管轄權體現出了不同的財權利益
    B. 跨國納稅人的形成
    C. 直接投資的增多
    D. 國際法的複雜程度

答案：A

5. 國際稅收的本質是（　　）。
    A. 國家之間的稅收關係
    B. 對外國居民徵稅
    C. 涉外稅收
    D. 國際組織對各國居民徵稅

答案：A

6. 多數國家為了維護本國的財權利益，在稅收管轄權方面（　　）。
    A. 只實行所得來源地管轄權
    B. 只實行居民（公民）管轄權
    C. 同時實行所得來源地管轄權和居民（公民）管轄權
    D. 只實行地域管轄權

答案：C

二、簡答題

1. 國際稅收與國家稅收的區別是什麼？

答：國際稅收與國家稅收的區別包括以下三個方面：

（1）國家稅收是一國政府憑藉其政治權力對其所管轄範圍內的納稅人進行的課徵。它沒有超越一個國家的疆界。國際稅收是兩個或兩個以上的國家政府，對同一跨國納稅人的跨國所得或財產進行重疊交叉徵稅的結果。

（2）國際稅收仍然具有稅收的諸要素，但其納稅人應是從事跨國經濟活動的單位和個人，其徵稅對象主要是跨國所得和一般財產價值。而國家稅收的納稅人是其管轄範圍內的納稅人，徵稅對象是國內應稅所得。

（3）國際稅收的實質仍然是一種分配關係，但它不能等同於國家稅收這種分配關係，而是涉及國家與國家之間的稅收分配關係。

2. 國際避稅方法有哪些？

答：國際避稅方法主要有以下四種：

（1）轉讓定價避稅。轉讓定價避稅是指跨國納稅人人為地壓低中國境內公司對境外關聯公司關於銷售貨物、貸款、服務、租賃和轉讓無形資產等業務的收入或費用分配標準，或有意提高境外公司對中國境內關聯公司關於銷售貨物、貸款、服務等業務的收入或費用分配標準，將公司利潤轉移到低稅國家（地區）的關聯公司，從而降低公司的納稅總額。

（2）利用國際避稅地避稅。國際避稅地，也稱避稅港或避稅樂園，是指一國為吸引外國資本流入、彌補自身資本不足、改善國際收支情況或引進外國先進技術以提高本國技術水平，在本國或確定範圍內，允許外國人在此投資和從事各種經濟活動取得的收入或擁有的財產可以不必納稅或只需支付很少稅收的地區。利用國際避稅地避稅最常見、最一般的手法就是跨國公司在國際避稅地虛設經營機構或場所以轉移收入和利潤。

（3）利用國際稅收協定避稅。國際稅收協定是兩個或兩個以上主權國家為解決國際雙重徵稅問題和調整國家間稅收利益分配關係，本著對等原則，經由政府談判所簽訂的一種書面協議。為達到消除國際雙重徵稅目的，締約國間都要做出相應的約束和讓步，從而形成締約國居民適用的優惠條款。目前，中國已同80多個國家簽訂稅收協定。然而，國際避稅活動是無孔不入的，一些原本無資格享受某一特定稅收協定優惠的非締約國居民，採取種種巧妙的手法，如通過設置直接的導管公司或直接利用雙邊關係設置低股權控股公司而享受稅收協定待遇，從而減輕其稅負。

（4）利用電子商務避稅。電子商務是採用數字化電子方式進行商務數據交換和開展商務業務的活動，是在互聯網與傳統信息技術系統相結合的背景下產生的相互關聯的動態商務活動。電子商務在實現書寫電子化、信息傳遞數據化、交易無紙化、支付現代化的同時，也引起了審計環境、審計線索、審計信息的儲存介質、審計技術方法、審計方式等一系列的重大變化。國際稅收中傳統的居民定義、常設機構、屬地管轄權等概念無法對其進行有效的約束，也無法準確區分銷售貨物、提供勞務和轉讓特許權。因此，電子商務的迅速發展既推動了世界經濟的發展，同時也對世界各國政府的國際反避稅提出了新要求。

三、案例分析題

日本A公司在北京建立一辦事處，主要用於接收、發送貨物，訂立合同，提供售後服務。A公司董事長在美國參加地區性經濟論壇期間，與中國的B公司簽訂了銷售A公司產品的合同。產品的運輸提供均由B公司負責。A公司的北京辦事處對此並不知情，但納稅時卻被要求將A公司與B公司直接訂立合同產生的利潤納入應稅所得。A公司的北京辦事處對此表示不同意，認為其總機構A公司的利潤與該辦事處沒有聯繫，不應由其納稅。

問題：

你如何看待該案例？A公司的北京辦事處是否應納稅？

答：由於中國對非居民企業實行收入來源地稅收管轄權，也按照國際上普遍的做法實行常設機構原則，因此A公司直接交易所得應納稅款不應由A公司辦事處繳納，而應由支付A公司所得的B公司代扣代繳，適用20%的預提所得稅稅率。同時，在中國與世界上一些國家簽訂的避免雙重徵稅的協定中，對股息、利息所得的徵稅稅率，一般規定在10%~15%；對租金所得的徵稅稅率，一般規定在6%~10%。由於稅收協定優先於國內法，因此中國對外簽訂的稅收協定中關於預提稅稅率的規定優先適用

國家圖書館出版品預行編目(CIP)資料

國際經濟合作 / 尚元 主編. -- 第一版.
-- 臺北市：崧燁文化，2018.09

　面；　公分

ISBN 978-957-681-603-1(平裝)

1.國際合作 2.經濟合作

559.8　　　　　107014585

書　名：國際經濟合作
作　者：尚元 主編
發行人：黃振庭
出版者：崧博出版事業有限公司
發行者：崧燁文化事業有限公司
E-mail：sonbookservice@gmail.com
粉絲頁　　　　　網　址：
地　址：台北市中正區重慶南路一段六十一號八樓815室
8F.-815, No.61, Sec. 1, Chongqing S. Rd., Zhongzheng Dist., Taipei City 100, Taiwan (R.O.C.)
電　話：(02)2370-3310　傳　真：(02) 2370-3210
總經銷：紅螞蟻圖書有限公司
地　址：台北市內湖區舊宗路二段 121 巷 19 號
電　話：02-2795-3656　傳真：02-2795-4100　網址：
印　刷：京峯彩色印刷有限公司（京峰數位）
　　本書版權為西南財經大學出版社所有授權崧博出版事業有限公司獨家發行
　　電子書繁體字版。若有其他相關權利及授權需求請與本公司聯繫。
定價：300 元
發行日期：2018 年 9 月第一版
◎ 本書以POD印製發行